JÓVENES EN RIESGO
DE GRANDEZA

JÓVENES EN RIESGO DE GRANDEZA

RE-IMAGINANDO EL CURSO
DE SUS VIDAS A TRAVÉS
DE LA INTERSECCIÓN DEL
ARTE Y LA TECNOLOGÍA

CARLOS CARPIZO

NEW DEGREE PRESS
COPYRIGHT © 2020 COEVOLUTION II LLC
All rights reserved.

Traducido del Inglés por Maria Carpizo www.alphabet-translations.net.

JÓVENES EN RIESGO DE GRANDEZA
Re-imaginando el curso de sus vidas a través de la intersección del arte y la tecnología

ISBN		
	978-1-63676-400-9	*Paperback*
	978-1-63676-324-8	*Kindle Ebook*
	978-1-63676-323-1	*Ebook*

AGRADECIMIENTOS

Ante todo a mi Señor y Salvador Jesucristo.

A mi familia que me quiere y me apoya: Carmen, Carlos, Adriana, Carlos, Jorge, Maricarmen, Sofía, Andrés, Víctor y Maggie. También a Pookie, Martha, Lola y Ted.

En especial a mi Mamá quien se fue en paz de este mundo al tiempo que la versión en Español sale a la luz.

Un agradecimiento particular a Jennifer Ebinger, Eric Koester, Weeda Hamdan, Elsa Grossmann, Christy Mossburg, Carol Thompson, Pea Richelle White, Nicolás González, Pablo Raphael, Adriana De Urquidi, Bernardo De Urquidi, Luis Daniel Beltrán, Sofía Bastidas, Carlos González-Jaime, Michael Lagocki, Andrés Ruzo, Jennifer Peterson, Kelly Jenson y Lonnie Laue.

Por haberse tomado el tiempo para entrevistarse conmigo, lo cual fue tan importante para esta causa, me gustaría agradecer a Bernardo Rosendo, Fred Villanueva, Pavica Sheldon, James M. Honeycutt, Nicolás González, David J. Sullivan,

Sixto Cancel, María Elisa Wolffer, Tyler Durman, Angélica Mosqueda, Ana-Maria Ramos, Arturo Vélez, Amy Dunham, D, Esther Benjamin, Emmanuel Winkler, Weeda Hamdan, Ben Koch, Graciela Rojas y Debbie Rentería.

Muchísimas gracias a Aidée Granados, Alain Espinosa, Alberto Chalbaud, Alberto Flores Madero, Aldo Figueroa, Alejandro Gutiérrez Ponce, Ana Margarita Rivero Arias, Ana Sánchez, Andrea Gean, Andrés Álvarez-Cordero, Andrew Barker, Angel Lamuño, Angélica Mora, Ann Danner, Armando Hernández, Barbara Brown, Barrie Hall, Bindu R. Gross, Bobby Vassallo, Boon Kim Tan, Brad Bush, Beatriz Andreu, Braulio Andreu, Brent Keefer, Carlos González-Jaime, Caroline Hamrit, Catalina Rodríguez Tapia, Chip DeClue, Chris Armstrong, Christian Angulo, Clarita Borja Hinojosa, Cynthia Nwaubani, David Boyett, David Cannon, David Fremaux, Don McKenna, Duane Knecht, Eduardo Moreno, Eduardo Zaldívar, Edwin Solís, Elsa Buendía, Emilio García, Emilio Pimentel, Eric Edstrom, Eric Koester, Ezio Mura, Fernando Avelar, Fernando Quintero, Francisco de la Torre Galindo, Gary Bedard, Gerardo Raphael, Gildardo Zafra, Guillermo Granados, Guillermo Moreno Lacalle, Héctor Ortiz, Jacques M Jean, James Barber, James E McClain, Janet Marcum, Javier Lamuño, Jerónimo Valdez, Jo Thompson, John D Wilson, John J Stewart, John Wilkins, Jorge Azpe, José 'Pepe' Gómez, José Antonio Lamuño, José Eduardo del Valle Diharce, José Luis Hernández, José Luis Lamuño, José Matuk, José Roberto Carvajal, Josefina Maus, Joseph R. Chapa, Josh Balmer, Jovelyn Castellanos, Juan Rolón, Karin Larrave, Kenton Kisler, Larry King, Leticia Castellanos, Luis González Sada, Maddalena Loggia, María Eugenia Andreu, Mariano García Guajardo, Mario Guerendo,

Marshall Wenrich, Mats Lundberg, Mauricio Flores Madero, Mauricio Martínez, Miguel Ángel Vázquez Reyes, Miguel García-Rechani, Mikael Calais, Nelson Valderrama, Pedro Yarahuan, Prisma García, Quincy Ragsdale, Ramir Camu, René Larrave, Rhonda Kehlbeck, Ricardo Ceniceros, Ricardo Leal, Robert Chapman, Roberto Keoseyan, Roberto Leal, Rocío Lamuño, Rodney J Stewart, Rodolfo Peña, Rogelio Andrew, Ron Robbins, Russ Jaskot, Samuel Dillow, Sergio Hueck, Sergio Robledo, Silvia Montes de Oca, Steve Banta, Susana Andreu, Tanis Cornell, Teri Walker, Theresa Boyce, Ulises Aguilar Nahle, Valeria Schmidt y Weeda & Maan Maan Hamdan.

ÍNDICE

AGRADECIMIENTOS		5
INTRODUCCIÓN		11
TL;DR (DEMASIADO LARGO, NO LO LEÍ)		19
CAPÍTULO 1.	EL EFECTO RESORTERA DEL TELÉFONO INTELIGENTE	21
CAPÍTULO 2.	ARTE Y CULTURA MEJORANDO COMUNIDADES	31
CAPÍTULO 3.	TELÉFONOS INTELIGENTES, REDES SOCIALES Y LA GEN Z	45
CAPÍTULO 4.	ARTE Y EDUCACIÓN	61
CAPÍTULO 5.	GEN Z: NO INVENTASTE SER DISRUPTIVO	81
CAPÍTULO 6.	ÉXITO VS UNA MENTALIDAD TRIUNFADORA	93
CAPÍTULO 7.	CAMINOS ALTERNATIVOS A LA UNIVERSIDAD	107
CAPÍTULO 8.	LA INTERSECCIÓN DEL ARTE Y LA TECNOLOGÍA	125
CAPÍTULO 9.	PROPÓSITO Y FE	139
APÉNDICE 1 – EL MÉTODO KOSMOS		151
APÉNDICE 2 - CITAS		157

INTRODUCCIÓN

Por favor, cierra los ojos. ¿Qué música o canción te viene a la mente?

Al escribir este libro, se me vino a la mente la primera estrofa de una de mis canciones favoritas: "The Living Years" de Mike and the Mechanics.

Ésta habla de cómo cada generación siempre culpa a la anterior....

Cuando escuché por primera vez esta canción y su letra, era yo más joven de la edad que tienen hoy en día mis dos hijos que pertenecen a la "Generación Z". Hoy esta canción evoca emociones muy diferentes en comparación con las que sentía en ese entonces. Ni la letra ni la música de la canción han cambiado, pero yo sí y la tecnología también.

Somos afortunados porque gracias a los avances tecnológicos, podemos escuchar cualquier pieza musical que se nos ocurra en cualquier momento. Podemos reproducir una canción de la biblioteca de nuestros teléfonos inteligentes e incluso buscarla en Internet o a través de una suscripción a un servicio de *streaming* de música. Gracias a la tecnología, también podemos descubrir música nueva escuchando una teledifusión pública, o por la recomendación de la lista de reproducción de un amigo o un algoritmo; algo súper natural para la Gen Z (los nacidos entre 1997 y 2012).

Los avances en la tecnología también se están utilizando de una manera depredadora para captar nuestra atención. Esto afecta desproporcionadamente a los adultos jóvenes y a los considerados Gen Z. Los algoritmos de publicidad que llamamos redes sociales compiten para captar la atención de los usuarios, recompensándonos por pasar más tiempo en nuestras pantallas. Tristan Harris, ex diseñador ético de Google y fundador del "Center for Humane Technology" (Centro para la tecnología humana), ha declarado en términos indiscutibles que formó parte de una sala de control que manipulaba los pensamientos y sentimientos de los usuarios de

Internet.[1] Se ha presentado en el programa 60 Minutes, TED y PBS News, entre otras fuentes de información confiables.

Los adolescentes están programados para ser rebeldes y tener una actitud desafiante, y desde el movimiento global de contracultura de la década de 1960 ha habido un esfuerzo deliberado de la sociedad y de los gobiernos por domar esa actitud. ¿Está siendo sometida la Gen Z por la tecnología debido a esto? ¿Está contribuyendo al aumento del número de personas desorientadas? La velocidad del cambio tecnológico que experimenté mientras crecía como Gen X no es nada en comparación con lo que se está experimentando en este siglo XXI.

Esta aceleración significativa de las tecnologías avanzadas ha dado lugar a un número aún mayor de opciones a las que los jóvenes se enfrentan en la actualidad, y les está siendo más difícil tomar decisiones. Si estás leyendo este libro y eres un adulto joven, te recomiendo seguirlo haciendo porque te ayudará a entender cómo determinar y evaluar mejor las opciones educativas y de carreras profesionales que tienes. Si eres padre, madre o maestro de un adulto joven, te ayudará a entender mejor su punto de vista y por lo que están pasando.

En el frente educativo, ha habido durante la última década un gran impulso para la educación en las áreas de la Ciencia, Tecnología, Ingeniería y Matemáticas (STEM, por sus siglas en inglés) en todos los niveles para satisfacer las demandas actuales y futuras, reducir las tasas de deserción universitaria,

---

1 TED, "How a handful of tech companies control billions of minds every day | Tristan Harris," 28 de julio de 2017, video, 17:00.

aumentar la asistencia a la universidad e incrementar las tasas de graduación. Yo antes creía que todos deberían ir a la universidad. Sin embargo, ahora pienso diferente y estoy completamente en contra de la idea de que una educación universitaria separa a los "triunfadores" de los "perdedores", como la gran mayoría de nuestra sociedad todavía piensa en ambos lados de la frontera de Estados Unidos y México.

Bryan Caplan, economista y autor, afirma: "Como sociedad, continuamos empujando a un número cada vez mayor de estudiantes a que cursen niveles de educación cada vez más altos. El efecto principal no son mejores empleos o un mayor nivel de conocimientos, sino una competencia por tener más títulos o diplomas".[2] Para millones de adultos jóvenes, la universidad les brinda la educación que necesitan para el siglo XXI. Una que les permite realizar una serie de tareas no rutinarias que requieren inteligencia social, pensamiento crítico complejo y solución creativa de problemas; todos factores clave de éxito cuando están compitiendo con máquinas.

Pero para millones más, la universidad no es necesariamente la mejor opción. Los que asisten a la universidad empiezan por buen camino, aunque un título universitario no garantiza el éxito en la vida, pero los que no lo hacen necesitan encontrar caminos alternativos. En México "menos de una cuarta parte de la población joven (de veinticinco a treinta y cuatro años) han obtenido títulos de educación superior, y dentro de esta proporción limitada de graduados, la evidencia

---

2   Bryan Caplan, "The World Might Be Better Off Without College for Everyone," *The Atlantic*, enero/febrero2018.

muestra que sus habilidades no se utilizan eficazmente".[3] En los Estados Unidos, cada año más de 1.2 millones de estudiantes dejan la preparatoria[4] y el 56 por ciento de los estudiantes universitarios que comienzan un plan de estudios de cuatro años no se gradúan al cuarto y terminan desertando en el sexto.[5]

He vivido de cerca casos de adultos jóvenes afectados por este dilema. Siendo yo mismo un orgulloso estadounidense de origen mexicano, me preguntaba cuántos "jóvenes ni-nis"[6] había tanto en Estados Unidos como en México. Ésta no es una respuesta fácil, ya que depende de múltiples factores, como el rango de edad o las definiciones de empleo y subempleo. La respuesta simple es que el número de ellos es comparable a toda la población de México a mediados del siglo XX cuando nacieron mis padres. Existen demasiados casos.

Tendemos a buscar tecnología para resolver los retos y estoy convencido de que las áreas STEM son necesarias. Yo soy ingeniero y un terrible guitarrista. Ya que desde 1993 mi trayectoria profesional a nivel mundial ha sido en telecomunicaciones móviles, he estado cerca de avances tecnológicos que van más allá de lo que la persona promedio experimentaría. Junto con la industria de las telecomunicaciones, también

---

3 "Higher Education in Mexico: Labour Market Relevance and Outcomes," OECD, Consultado el 15 de octubre de 2020.
4 "11 Facts About High School Dropout Rates." DoSomething, Consultado el 10 de septiembre de 2020.
5 "U.S. College Dropout Rate and Dropout Statistics." CollegeAtlas, Updated Jun 29, 2018. Consultado el 10 de septiembre de 2020.
6 Existen diferentes términos para identificar a este tipo de jóvenes: "ni-nis" en México (ni estudian ni trabajan), "opportunity youth" en EE.UU., "NEETs" a nivel mundial (Not Employed in Education or Training).

me monté en la ola de su convergencia con la industria de tecnologías de la información que desencadenó la era de la información. Últimamente, me he dedicado más a cultivar mi corazón que mi mente en búsqueda de la sabiduría. Fui ejecutivo en dos empresas Fortune 100: Ericsson y Xerox, así como de una mediana empresa con presencia en cuatro países en América. También he sido emprendedor. La oportunidad que tuve para invertir en una empresa de Inteligencia Artificial en 2017, junto con mi participación en juntas directivas sin fines de lucro, abrió mi mente para pensar en el impacto de nuestro futuro acelerado en la sociedad en general.

Soy optimista y creo firmemente que, en el largo plazo, la sociedad estará mejor gracias a las tecnologías avanzadas. Sin embargo, no podemos hacernos de la vista gorda ante los muchos desafíos que han surgido. Con los nuevos avances en la automatización e inteligencia artificial (IA) existe el riesgo de que acabemos pensando como máquinas y compitiendo con ellas. No lo podemos permitir. Las máquinas deben existir para mejorar nuestra condición humana.

El lanzamiento de un emprendimiento social en 2019, en colaboración con el Sr. Bernardo Rosendo, un emprendedor artístico en las montañas de Guerrero, México, me aclaró una poderosa visión: Las artes también son esenciales para ayudar a los seres humanos a evitar que piensen como máquinas y compitan con ellas. Las artes son las que nos hacen humanos.

Por ejemplo, la música. La historia de la música está entrelazada con la historia de los seres humanos, y la música tiene tantas funciones como la tecnología. Las máquinas pueden crear música u otros tipos de arte que transmiten una emoción, y pueden hacerlo muy bien. Sin embargo, a diferencia de la tecnología, la música toca nuestros corazones. Estimula las emociones que son innatamente humanas y que están fuera del alcance de las máquinas.

Creo que la primera intersección del arte y la tecnología debe haber sucedido hace varios miles de años; cuando nuestros antepasados al utilizar o crear una herramienta destinada a la supervivencia desarrollaron un instrumento musical rudimentario. Tal vez nuestros ancestros mayas tuvieron tiempo de desarrollar el concepto del cero en matemáticas ya que sólo tenían que agarrar un caracol marino y soplarlo para empezar a crear música.

Se ha dado un gran cambio para ofrecer a los jóvenes habilidades sociales y emocionales además de conocimiento: la inclusión de las Artes a STEM, lo que resultaría en STEAM. Es hora de acelerar este movimiento interdisciplinario que abarca nuevos enfoques para alcanzar las destrezas y habilidades del siglo XXI, y la intersección del arte y la tecnología desempeñará un papel importante en éste. No necesitamos reinventar la rueda. Podemos detonar un cambio drástico dando un giro deliberado a los programas que ya operan a nivel comunitario. No hay un activo más valioso que el capital humano. Como dijo Albert Einstein, "La mente intuitiva es un don sagrado y la mente racional es un fiel sirviente. Hemos creado una sociedad que honra al sirviente y ha olvidado el regalo".

Este libro te dará una idea de algunos programas y varias organizaciones que hacen una gran labor por crear posibilidades de educación y empleo para los jóvenes en general, así como para los "jóvenes ni-nis" en específico. También te dará una idea de algunos programas y ciertas organizaciones que están haciendo un gran trabajo para mejorar las comunidades a través de las artes y la cultura. Artistas que también son emprendedores como el Sr. Rosendo, que identifican y desarrollan un patrimonio el cual es importante para las personas en las comunidades donde viven y trabajan. Si eres emprendedor, te dará ideas concretas de convergencia entre el arte y la tecnología.

En la intersección del arte y la tecnología existe una gran oportunidad; oportunidad para la sociedad en general y particularmente para los adultos jóvenes "en riesgo" que representan una abundancia de talento desaprovechado, así como empresas y comunidades en ambos lados de la frontera que sufren una escasez de capital humano calificado. Al permitir que estos adultos jóvenes desarrollen una mentalidad de éxito, los pondremos 'En Riesgo de Grandeza'.

Carlos Carpizo

TL;DR (DEMASIADO LARGO, NO LO LEÍ)

―――

Por el acrónimo en Inglés Too Long, Didn't Read

El libro no está organizado de forma lineal ni fue escrito para que lo leas necesariamente en orden, ni de principio a fin.

Contiene suficientes lecciones y moralejas valiosas para que empieces por leer el capítulo que más te interese.

Espero que hagas la actividad sugerida al principio de cada capítulo. Notarás que las imágenes no son profesionales excepto por dos de ellas. Yo las hice, y soy pésimo artista. ¡Si yo lo hice, tú también puedes!

Una de las dos imágenes profesionales es un boceto del mural "Sembrando el Futuro" de Nicolás González. Fue hecho en 2019 en grafito sobre papel y mide 21.5 x 62 cm. La otra es el logotipo de Kosmos, diseñado por Nicolás González.

Espero que ya hayas leído toda la introducción, y si no quieres leer todos los capítulos en orden, o si estás indeciso por dónde seguir, esto es lo que te sugiero:

Si eres un adulto joven, te sugiero que continúes con el capítulo 6 "Éxito vs Mentalidad triunfadora".

Si eres padre, madre o maestro de un adulto joven, te sugiero que continúes con el capítulo 3 "Teléfonos inteligentes, redes sociales y la Gen Z".

Si eres un emprendedor, te sugiero que continúes con el capítulo 8 "La intersección del arte y la tecnología".

¡Disfrútalo!

1
EL EFECTO RESORTERA DEL TELÉFONO INTELIGENTE

Por favor tómate un momento para dibujar algo.

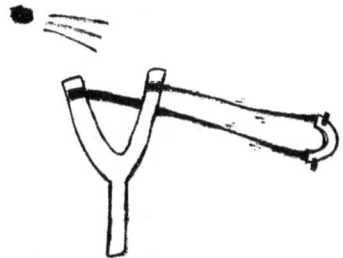

Al escribir este capítulo, dibujé esta resortera. Me imagino que no muchos adultos jóvenes han usado una. Sostienes el mango de la resortera con una mano y jalas hacia atrás el material elástico con la otra, para extenderlo; El jalón hacia atrás. Cuando sueltas el material elástico, éste se contrae, empujando un objeto hacia adelante.

Nuestra sociedad no está funcionando correctamente en esta primera parte del siglo XXI. Creo que en parte se debe a las consecuencias imprevistas de la velocidad del cambio de las tecnologías avanzadas. Cuando la velocidad excede nuestra capacidad humana de adaptarse a ellas, se vuelven difíciles de manejar. Como sociedad, estamos viviendo el efecto equivalente al jalón hacia atrás de una resortera.

> "Dentro de algunos cientos de años, cuando la historia de nuestro tiempo se escriba desde la perspectiva del largo plazo, creo que probablemente el hecho más importante que considerarán los historiadores no será la tecnología, Internet, ni el comercio en línea, sino el cambio sin precedentes en la condición humana".[7]
>
> PETER DRUCKER

Así lo dijo Peter Drucker, un hombre que nació a principios del siglo XX en Austria y que es considerado el fundador de la administración moderna. Muchos admiran a Peter Drucker por razones que van más allá de su influencia positiva en la administración en el siglo XX. Entre éstas están su buen

---

7 Bob Buford, *Stuck in Halftime: reinventing your one and only life* (Grand Rapids, Michigan: Zondervan Publishing House, 2001), Página 9.

ojo para observar a la humanidad a través de historias individuales, su sabiduría para interpretar estas historias, y su capacidad para comunicarlas. El interés principal de Drucker en la administración fue crear condiciones para una sociedad plenamente funcional.

Pienso en Peter Drucker, el hombre que nació antes de la Primera Guerra Mundial y vivió hasta el comienzo de la era de Internet y pienso todas las cosas que desearía poder decirle. Me imagino teniendo una conversación con él antes de que falleciera en 2005.

La primera pregunta que él me hizo fue, dónde me encontraba a principios del siglo XXI cuando los primeros *millennials* empezaban a cumplir la mayoría de edad. Y yo le conté sobre algunos avances tecnológicos que recordé de ese momento en particular:

- Jeff Bezos fue nombrado como "Persona del año" en la revista Time gracias al éxito que tuvo Amazon en popularizar las compras en línea.[8]
- Netflix dependía del Servicio Postal de los Estados Unidos para entregar sus DVD en alquiler.[9]
- Google era una empresa privada y comenzó vendiendo anuncios asociados con la búsqueda de palabras clave.[10]

---

8 Jeff Bezos, "Person of the Year," *Time*, 27 de diciembre de 1999.
9 "Netflix's history: From DVD rentals to streaming success," *BBC*, consultado el 15 de octubre de 2020.
10 "Google's Incredible Growth: a timeline," *CNN*, consultado el 15 de octubre de 2020.

- En el caso "Estados Unidos contra Microsoft", a la compañía se le denominó como un "monopolio que abusó de su poder".[11]
- La consola de videojuegos PS2 de Sony se lanzó como un sistema completo de entretenimiento para el hogar.[12]
- Apple anunció que lanzaría su reproductor de música iPod; un dispositivo que no sólo cambiaría la forma en que escuchamos música, sino que finalmente cambiaría toda la industria musical en menos de una década.[13]

Mencioné que a principios de siglo tuve en mis manos mi primer teléfono inteligente (El R380 de Ericsson) con correo electrónico y funciones limitadas de navegación web; tenía una pantalla relativamente pequeña en escala de grises que se tocaba con un lápiz táctil de plástico que estaba almacenado en una ranura en la parte posterior del mismo teléfono.

Describí algunos de los usos futuristas de ese entonces de los teléfonos inteligentes, ya que todavía era un concepto relativamente nuevo: Llevar a cabo una videoconferencia de trabajo con varios participantes ubicados en diversos países mientras se estaba en camino a un lugar de entretenimiento con la familia. Libre de estar atado a la oficina y disfrutar de más tiempo con los seres queridos. Comprar boletos para el cine o regalos desde la palma de nuestra mano,

---

11 Joel Brinkley, "U.S. VS. MICROSOFT: THE OVERVIEW; U.S. JUDGE SAYS MICROSOFT VIOLATED ANTITRUST LAWS WITH PREDATORY BEHAVIOR," *The New York Times*, 4 de abril de 2000.
12 *Encyclopedia Britannica Online*, PlayStation2 electronic gaming console.
13 "Apple Presents iPod," Apple Inc, consultado el 15 de octubre de 2020.

desde cualquier lugar y en todo momento, así como ayudar a mejorar las relaciones.

Los teléfonos inteligentes no fueron una realidad hasta que Apple lanzó el iPhone en 2007 como un producto revolucionario, junto con la red móvil de AT&T para el acceso de voz y datos, dos años después de la muerte de Peter. La facilidad de uso de la pantalla táctil combinada con las capacidades de software habilitadas por el sistema operativo lo convirtieron en un producto que definió a su categoría.

Las capacidades de software de los teléfonos inteligentes son algo que merecería un capítulo completo. El hardware no se puede pasar por alto, pero se ha convertido en una especie de componente genérico que gira en torno a microprocesadores, conectividad inalámbrica y sensores de entrada/salida. ¿Has notado cómo el software ha relevado al hardware en el orden jerárquico de los avances? Hay nuevos lenguajes y programas de software, o aplicaciones desde el punto de vista de la interfaz de usuario, que se crean a toda hora. Utilizamos el software que interactúa con una multitud de pantallas, altavoces inteligentes (dispositivos de audio), cámaras que siguen nuestros gestos o movimientos, o chips implantados en nuestros cuerpos.

A medida que los teléfonos inteligentes se convirtieron en algo común, colectivamente comenzamos a experimentar lo que yo llamo el efecto resortera. ¿Qué hacemos en un ascensor? Olvídate de entablar una conversación cuando apenas si saludamos o le deseamos un buen día a nuestros compañeros de ascensor, todos absorbidos en nuestras pantallas. ¿Qué hacen los adolescentes cuando se les pide que hablen con alguien por teléfono? Tienen miedo porque se han acostumbrado a comunicarse a través de texto, chat o redes sociales. El noventa y cinco por ciento de los adolescentes poseen un teléfono inteligente o tienen acceso a uno en los EE.UU.,[14] y en México, un estudio encontró que el 75 por ciento de los jóvenes admiten que usan su teléfono inteligente todo el tiempo.[15]

¿Te imaginas a un grupo de adultos jóvenes sentados en la mesa de un restaurante tomándose fotos, y luego subiéndolas individualmente a sus cuentas de redes sociales en vez de interactuar más con sus amigos a su alrededor? Algunas consecuencias imprevistas de la poderosa tecnología empaquetada en nuestros teléfonos inteligentes representan un retroceso para nuestra condición humana, como es una menor interacción humana en la forma de comunicación que coincida con nuestra evolución física y cognitiva durante miles de años. Creo que ese es el jalón hacia atrás de la resortera.

Como parte de mi investigación, me llamó la atención un estudio titulado "Smartphones reduce smiles between strangers"[16] (Los teléfonos inteligentes reducen las sonrisas entre desconocidos). Se realizó en 2018 y muestra que los teléfonos inteligentes están alterando el tejido de la vida social. En un

---

14 "Teens, Social Media & Technology 2018," *Pew Research*, consultado el 15 de octubre de 2020.
15 "El 75% de adolescentes y padres mexicanos, adictos al celular,"*Forbes México*, consultado el 15 de octubre de 2020.
16 Kostadin Kushleva, John F. Hunter, Jason Proulx, Sarah D. Pressman, Elizabeth Dunn, "Smartphones reduce smiles between strangers," Elsevier, Computers in Human Behavior, Volumen 91, Febrero de 2019, Páginas 12 a 16.

experimento con pre registro, los desconocidos esperaban juntos con sus teléfonos inteligentes o sin ellos; su sonrisa fue codificada más tarde por asistentes capacitados. En comparación con los participantes sin teléfonos inteligentes, los participantes con teléfonos inteligentes mostraron significativamente menos sonrisas de cualquier tipo y menos genuinas.

No hay duda de que los teléfonos inteligentes, y otros dispositivos inteligentes como las tabletas, permiten la colaboración móvil y cuando se utilizan eficazmente, como cualquier otra herramienta, mejoran la productividad personal y profesional. Son demasiado numerosos para mencionar los ejemplos que hay, como es el poder actualizar a los amigos y familiares sobre buenas o malas noticias instantáneamente o poder reservar un viaje en un auto compartido. Nos beneficiamos de las capacidades combinadas de poder de procesamiento, conectividad omnipresente, mayor funcionalidad y almacenamiento de memoria. La Inteligencia Artificial se lanzó como una de las múltiples funcionalidades desde 2011.

La mayor interrogante es el impacto que los teléfonos inteligentes tendrán en nuestra condición humana en forma de consecuencias imprevistas, como es un aumento en los sentimientos de aislamiento y las tasas de suicidio de adolescentes, o modelos de negocio basados en nuestros datos personales o intereses. A juzgar por el estudio antes mencionado, y otros similares, la balanza se inclina hacia lo negativo. Sin embargo, sostengo que es demasiado pronto para saberlo.

La buena noticia es que después del jalón hacia atrás viene el empuje hacia adelante. El teléfono inteligente R380 de Ericsson era un teléfono móvil híbrido y un asistente digital personal (PDA, por sus siglas en inglés). La Gen Z no sabe que una conocida empresa comercializó un dispositivo llamado Palm Pilot como un PDA cuando estaba muy lejos de serlo. En comparación con cualquier teléfono inteligente, parecería ridículo.

Judith Donath, autora de "*The Social Machine: Designs for Living Online*" (La máquina social: diseños para vivir en línea) y profesora del Berkman Klein Center for Internet & Society de la Universidad de Harvard, comentó: "Para el 2030, la mayoría de las situaciones sociales serán asistidas por bots, programas inteligentes que interactúan con nosotros de maneras similares a las humanas. En casa, los padres involucrarán bots calificados para ayudar a los niños con las tareas y fomentar las conversaciones durante la cena. En el trabajo, los bots llevarán a cabo las reuniones. Un confidente bot será considerado esencial para el bienestar psicológico, y cada vez recurriremos más a estos compañeros para obtener consejos que van desde qué ropa ponernos hasta con quién casarnos."[17]

Estoy convencido de que en un futuro muy cercano todos tendremos un verdadero asistente digital personal de IA; uno que nos ayude a salvaguardar nuestra atención limitada, tiempo, y lo que es más importante nuestras relaciones, y que tendrá un impacto muy positivo en nuestra condición humana. Este es un ejemplo del empuje hacia adelante que vendrá después del jalón hacia atrás que estamos experimentando actualmente. El hombre y la máquina influyendo

---

[17] "Artificial Intelligence and the Future of Humans," *Pew Research*, consultado el 15 de octubre de 2020.

la evolución del otro recíprocamente más allá de la IA: la coevolución.

Preguntas para profundizar en el tema:

¿Qué tenemos que hacer para que vuelvan a haber sonrisas entre desconocidos?

¿Cómo ha impactado a tu vida la tecnología de teléfonos inteligentes de una manera positiva? ¿y qué efectos negativos ha tenido?

¿Te sientes más desconectado y aislado, o mejor conectado hoy en día que hace diez años?

¿Qué medidas podrías tomar actualmente para limitar tu tiempo de pantalla?

2

ARTE Y CULTURA MEJORANDO COMUNIDADES

¿Cuál fue la fórmula que nos convirtió en lo que somos con todo y nuestras contradicciones? La respuesta es muy simple: en el origen que funda toda comunidad humana conviven la imaginación y la tecnología. No hay edificio sin arcilla ni futuro sin sueños. Si el arte se anticipa para imaginar mundos posibles, sus instrumentos los convierten en mundos ciertos y, tal vez mientras el lector llega a este renglón sucede que ha llegado la hora de producir un nuevo diálogo entre el arte y la tecnología, para reconocernos en nuestra memoria, pero sobre todo para entender que el futuro tiene un corazón antiguo: la cultura.

Pablo Raphael

¿Qué te dicen estas palabras?

"Therefore"
by Bernardo De Urquidi

I feel, therefore I exist,
I think, therefore I am conscious,
I decide, therefore I am free,
I express myself, therefore you know I exist.

"Hoy se recuerda a Esquilo y a Platón mucho después de las victorias de la Atenas Imperial. Dante sobrevivió a las ambiciones de la Florencia del siglo XIII. Goethe serenamente sobresale de la política de Alemania, y estoy seguro de que cuando el polvo de los siglos haya pasado por las ciudades, nosotros también seremos recordados no por nuestras victorias o derrotas en la política o en el campo de batalla, sino por nuestra contribución al espíritu humano".

JOHN F. KENNEDY

Hay cientos de programas y organizaciones que están haciendo una gran labor por mejorar las comunidades a través de las artes y la cultura. Los artistas que también son emprendedores, están identificando y creando un patrimonio que sea importante para las personas en las comunidades donde viven y trabajan.

México tiene una tradición artística muy rica que proviene de grandes civilizaciones como los olmecas, mayas y aztecas que existieron mucho antes de la llegada de los españoles al "nuevo mundo". También es un país que tiene una belleza natural muy rica que incluye desde selvas hasta desiertos, playas, ríos, montañas y volcanes. En el oeste del país, entre varias montañas del actual estado de Guerrero, se encuentra una pequeña ciudad que se llama Olinalá. Con menos de diez mil habitantes y a pocas horas en auto desde Acapulco o la Ciudad de México, a través de carreteras estrechas y sinuosas, es una zona recóndita rodeada de paisajes verdes y cielos azules.

Bernardo Rosendo es un artista nacido en Olinalá que dejó su ciudad natal, a la cual no regresó durante más de una década, para estudiar la preparatoria y universidad en la Ciudad de México. Después emprendió el camino común de muchos hombres de su ciudad natal, pero en circunstancias muy diferentes. Mientras que la mayoría de sus compañeros viajaron a los Estados Unidos para lograr salir de la pobreza, el Sr. Rosendo lo hizo en una búsqueda por lograr la libertad para seguir desarrollando sus habilidades artísticas. En la ciudad de los vientos, también tuvo la oportunidad de servir a su comunidad siendo el representante del Gobierno de Guerrero en Illinois, y más tarde trabajó para la Secretaría de Relaciones Exteriores de México. De manera simultánea participó en actividades artísticas con creadores de origen mexicano y latinoamericano

En 1995, el Sr. Rosendo decidió volver a Olinalá por un año para profundizar su conocimiento artístico del maque, un tipo de laca hecha a base de tierra molida y aceite que se compacta al aplicar múltiples capas de la mezcla sobre una superficie, principalmente madera; posteriormente, se colocan en la parte superior diseños en colores vivos bellamente pintados a mano, inspirados en la flora y fauna local, así como laminillas de plata y oro en las piezas más costosas.

Entre más trabajaba con los artesanos locales, más evidente se le hizo lo mucho que la ciudad dependía de los artesanos y el círculo vicioso que existía en una sociedad tan vulnerable pero tan rica culturalmente: "Lo peor estaba por venir. Ese círculo vicioso en el que los artesanos no sienten que están siendo compensados justamente, y los intermediarios exigen una mejor calidad para poner un precio más alto, se había convertido en un enorme obstáculo que ponía en peligro tanto al comercio, la sostenibilidad del arte milenario y a la comunidad en general. ¡Había que hacer algo diferente y de inmediato!" No imaginaba que el breve período de tiempo que había planeado quedarse se convertiría en su pasión y misión de vida.

A diferencia de los artesanos de generaciones anteriores que tenían un contacto limitado fuera de sus ciudades, el Sr. Rosendo tenía un espíritu emprendedor y una visión global. Primero se abocó a profundizar su conocimiento en el proceso de producción y a aprender sobre cualquier cambio que hubiera sucedido con el tiempo. Su maestro fue uno de los artesanos más reconocidos, Damaso Ayala, quién insistió en que el único cambio había sido la sustitución gradual del aceite utilizado para mezclar el polvo procedente de las piedras molidas. Después de mucho esfuerzo y frustración, el Sr. Rosendo se entusiasmó con uno de sus hallazgos. Doña Josefa Jiménez, una vieja artesana y la madre de su maestro, escuchó una conversación entre ellos y contradijo a su hijo señalando que "Cuando era joven, recuerdo que mi padre solía traer en burro el tezicaltetl (un mineral de calcita) desde un lugar que quedaba a medio día de viaje de la ciudad. Y mi madre nunca compró el polvo que ahora se les vende a los artesanos". ¡Eso era! El Sr. Rosendo había descubierto un cambio clave en el proceso y posiblemente el culpable de la baja calidad del maque.

Imposible describir el arduo trabajo que el Sr. Rosendo realizó durante más de una década para poder superar los desafíos que enfrentó para poder establecer un centro de arte; se creó un programa completo para recuperar el uso de materiales originales como el tezicaltetl, así como un modelo de aprendizaje para capacitar a jóvenes artesanos dispuestos a utilizar el proceso original para mejorar la calidad. El libro "Esperanza en la montaña"[18] que publicó a finales de 2018 narra los detalles de los retos financieros, políticos y técnicos que tuvo que superar, para vender e implementar su visión en donde los artesanos crearían obras de arte de alta calidad exigiendo un precio justo de acuerdo al tiempo y a los materiales que se necesitaran para hacerlas. Hoy ha logrado el rescate cultural y modelo de formación para el trabajo que imaginó. El centro de arte es un modelo de oportunidades económicas para los artesanos que forman parte de éste y para la comunidad en general. El Sr. Rosendo viaja incansablemente dentro de México e internacionalmente para promover el arte y a

---

18 Bernardo Rosendo, *Esperanza en la Montaña. Rescate Cultural y Formación para el Trabajo* (México: Luna Media Comunicación, 2018)

los artesanos de Olinalá, ha expuesto en lugares tan lejanos de su ciudad natal como España, Dubái y China. Con ello, siempre genera admiración por la artesanía y la belleza de las piezas exhibidas.

El punto crucial de la historia es el que, en una de las regiones más empobrecidas de México, agravada aún más por ser uno de los mayores productores de flores de amapola en el mundo, base para la producción de heroína, un artista y emprendedor fue capaz de identificar el patrimonio clave de su comunidad. Formó un equipo y trabajó muy duro para ganarse la confianza de la gran mayoría de la comunidad y convertir el círculo vicioso que encontró en uno virtuoso.

En noviembre de 2019, viajé a Olinalá para asistir a una reunión familiar y tener una sesión de seguimiento de un programa piloto que ofrece trabajos de tecnología a los adultos jóvenes en conjunto con el Sr. Rosendo. No podía creer mi buena suerte cuando pudimos escuchar a Gianluca Littera, un famoso armonicista italiano, que tocó el tema de amor de Cinema Paradiso en un evento al que fue como invitado de la Orquesta Filarmónica de Acapulco; la primera vez que una orquesta filarmónica tocaba en la ciudad dada su pequeña población.

Cinema Paradiso[19] es por mucho mi película favorita. ¿Cuáles eran las probabilidades? Debo haberla visto al menos diez veces (veinte si le preguntas a mi esposa). La trama principal tiene lugar en una pequeña ciudad siciliana pocos años después de la segunda guerra mundial. Alfredo, uno de los personajes principales, es el encargado de proyectar las

---

19 Giuseppe Tornatore, dir. *Cinema Paradiso*. Les Films Ariane, 1988.

películas en el cine. Casi pierde la vida y termina quedando ciego para siempre después de que un carrete de película de nitrato explota en su cara. Unos años después del accidente, está teniendo una conversación con su amigo Toto, el personaje principal que por cierto le salvó la vida, y le dice, "el progreso siempre llega tarde", refiriéndose a la película más moderna que no era inflamable y por lo tanto ya no se incendiaba. Siempre me he preguntado si el progreso siempre llega tarde.

Una vez que el concierto terminó y recobré mi aliento, la imagen de Alfredo vino a mi mente diciendo "el progreso siempre llega tarde", al igual que una frase del escritor de ciencia ficción William Gibson que una vez dijo "el futuro ya está aquí, solo que no está bien distribuido".[20] Este es precisamente el caso en la ciudad de Olinalá y los pueblos circundantes. Una conexión de fibra óptica llegó a la ciudad apenas en marzo de ese año a la oficina central del único proveedor de servicios Telmex/Telcel. El acceso a Internet de banda ancha, un derecho legal en los países escandinavos, sigue siendo muy limitado tanto en Olinalá como en los pueblos aledaños, y con ello una limitación adicional para la gran mayoría de la población en el acceso a la educación y a los servicios "futuros" como la telemedicina.

El retorno de la inversión de las artes y la cultura

En el centro de San Francisco, existe un parque público que fue nombrado en honor a una planta que solía ser tan

---

20   Tim Chatterton; Georgia Newmarch, "The Future Is Already Here - It's Just Not Very Evenly Distributed," *ACM Interactions*, marzo/abril de 2017.

abundante en la zona que el poblado llevaba su nombre: Yerba Buena. Fue sólo después que la actual California fue anexada por los Estados Unidos, como resultado de la Guerra entre México y Estados Unidos, que se cambió al nombre actual de la ciudad.

El jardín Yerba Buena nació con el objetivo de atraer desarrolladores a una zona de la ciudad víctima de la decadencia postindustrial. Yerba Buena Center for the Arts (YBCA) (Centro para las Artes Yerba Buena) abrió sus puertas en el otoño de 1993, proyectándose como un nuevo tipo de centro de arte, un centro inclusivo para las personas que priorizaría las diversas perspectivas y experiencias, y que también alimentaría el ecosistema artístico local. No tiene una colección permanente, por lo que cuenta con recursos considerables que son lo suficientemente flexibles como para ser destinados a crear un sólido programa comunitario que incluye arte escénico, películas y eventos que complementan sus exposiciones temporales.

Del *Community Development Innovation Review* del Banco de la Reserva Federal de San Francisco:

> Hoy en día, YBCA asume su papel como institución cívica con la misión de generar cultura que conduzca al movimiento individual y social. Inspirados por el autor Jeff Chang (*Can't Stop Won't Stop, Who We Be, and We Gon' Be Alright*), vicepresidente de Narrativa, Artes y Cultura en *Race Forward*, y miembro de la junta directiva de YBCA, creemos que la cultura precede a la política y que el movimiento cultural cataliza un cambio duradero. Estamos comprometidos en

crear un lugar para que las personas se reúnan para hacer frente a los desafíos y las interrogantes urgentes de nuestra época. Las recientes líneas de investigación en YBCA se han moldeado en torno a cuestiones tales como: ¿Podemos diseñar la libertad? ¿Cómo sería la equidad? ¿Cómo podríamos reimaginar el poder político? Intencionalmente, los miembros y artistas de YBCA abordan esas preguntas desde diversas perspectivas y disciplinas, creando una poderosa gama de respuestas matizadas, poéticas y fuera de lo convencional. Buscamos ideas innovadoras, ya sean propuestas de políticas, propuestas artísticas o nuevas empresas, y encontramos una manera de incubarlas, de hacerlas reales.[21]

¿Ha mejorado la YBCA a San Francisco? No hay duda de que es una institución líder del sector de las artes y la cultura sin fines de lucro en el área de la Bahía, y según el estudio *Arts and Economic Prosperity* publicado en 2017, el sector "genera $1.45 mil millones en actividad económica total. Este gasto, $780.6 millones de dólares de organizaciones culturales y artísticas sin fines de lucro y $667.7 millones de dólares adicionales en gastos relacionados con eventos efectuados por su audiencia, respalda 39,699 empleos equivalentes a tiempo completo, genera $1,000 millones de dólares en ingreso familiar para los residentes locales y aporta $131.1 millones en ingresos para el gobierno local y estatal. Este estudio de impacto económico envía una fuerte señal de que cuando apoyamos las artes, no solo mejoramos nuestra calidad de

---

21 Deborah Cullinan, "CultureBank: A Vision for a New Investment System," *Federal Reserve Bank of San Francisco Community Development Innovation Review 2019-2*, página 183.

vida, sino que también invertimos en el bienestar económico de la ciudad y del condado de San Francisco".

Asistí a un evento en febrero de 2020 en el que Deborah Cullinan, Directora Ejecutiva de YBCA, fue panelista. Lo más relevante de sus comentarios fue:

> YBCA está tratando de transformar el paradigma por completo. Y lo que nos esforzamos por ser es un foro para el arte y cambio social. También somos un *think tank*, o un instituto que está trabajando en proyectos nacionales que tienen el potencial de transformar nuestro campo. Y mucho de lo que estamos tratando de hacer es ayudar a crear conciencia sobre el papel esencial que los artistas y el arte juegan en cualquier iniciativa de cambio social. Tenemos muchos ejemplos de cómo lo hemos hecho, desde trabajar con el departamento de planificación de San Francisco para realmente cambiar la cultura de la planificación en nuestra ciudad hasta el proyecto que está encabezado por Penelope Douglas llamado CultureBank.
>
> CultureBank realmente entiende y posiciona a los artistas como inversionistas en etapa temprana en sus comunidades. Y creemos que los artistas están posicionados de manera única para ver, mejorar y crear un patrimonio importante para la gente. Y lo escucharon hoy, de todos los artistas con los que tenemos el gran honor de trabajar, que estas son cosas como las aptitudes lingüísticas, los espacios verdes en nuestra comunidad, el conocimiento intergeneracional; cosas que nos hacen sentir vivos y ricos. Y lo que

observamos es que la gente interpreta mal el concepto e invierten aprovechándose de los artistas. Así que, es lo contrario del verdadero acto de invertir en el desarrollo comunitario. Y lo que estamos buscando es el tipo de inversión que los artistas impulsan en comunidades donde la comunidad está empoderada para crear un patrimonio que le importe a la gente. Y eso es en lo que invertimos.[22]

Muchos artistas y emprendedores que trabajan por un cambio cultural y avance del trabajo lo hacen a nivel comunitario, no a nivel de ciudad. Y con su trabajo impactan ciudades y condados. Uno de estos artistas y empresarios es Fred Villanueva, quien cofundó *Ash Studios* junto con Darryl Ratcliff en 2012.

Ash Studios es una respuesta creativa a la segregación racial, exclusión política y al desplazamiento económico que es la realidad para muchos ciudadanos en Dallas, Texas. Especialmente las minorías en las partes este y sur de la ciudad. Su misión es fomentar el diálogo interracial e intergeneracional y la colaboración entre los creativos y ciudadanos, empoderar a los creativos para que tengan una voz en la vida pública, así como promover y crear oportunidades de autonomía económica para los creativos.

En septiembre de 2020, entrevisté al Sr. Villanueva quien en sus propias palabras se define como un trabajador de la cultura, y compartió que *Ash Studios* ya ha impactado a más de

---

[22] HowlRound Theatre Commons, "Arts Culture & Community Investment - Culturebank Dallas with IgniteArts Dallas," 25 de febrero de 2020, video, 2:56:00.

diez mil ciudadanos y creativos. A pesar de este éxito, todavía reconoce que las métricas cuantitativas no son tan fáciles de monitorear cuando el éxito comienza por convencer a algunos artistas a que se involucren con su comunidad local para que sea un mejor lugar más allá del evidente embellecimiento. A través de la educación, el desarrollo comunitario y la organización comunitaria, que es una importante forma artística de expresión, ellos "enriquecen la comprensión de lo que puede ser el arte, y también la esperanza de lo que puede hacer, y cómo puede cambiar a las personas".

El Sr. Villanueva tiene una mezcla única de habilidades y visión artísticas, aunado al conocimiento del entorno empresarial. Ha trabajado en el ámbito corporativo en EE.UU., y como artista ha expuesto en todo EE.UU. desde California hasta Nueva York, así como en España y los Países Bajos. También tiene una personalidad única ya que, aunque es amigable, cuando discute ideas que le apasionan, se convierte en un guerrero que desafía el status quo; una combinación que le hizo dejar la escuela cisterciense en Irving, Texas, pero seguir manteniendo una buena relación con los monjes hasta el día de hoy.

"Cambiar una ciudad entera es una expectativa abrumadora. El éxito realmente radica en el efecto mariposa: convencer a una persona a través de tus acciones, y conseguir que ese individuo se comprometa con la comunidad, y que esa persona convenza a otra. Uno se convierte en dos, luego dos en cuatro, cuatro en ocho ..." Siguiendo esta línea de pensamiento del efecto multiplicador, él cree que la inversión debe llegar directamente a los artistas para lograrlo. Las pequeñas inversiones de instituciones, ciudades, municipios y estados tienen efectos de largo alcance. Por ejemplo, una beca de tres mil dólares que se pone a disposición de veinte artistas les permite empoderar al menos a otras veinte personas en sus comunidades. Es por eso que fue un defensor fuerte y vocal de la ciudad de Dallas para establecer un programa de micro-becas que después de cuatro años se hizo realidad en 2016.

El Sr. Villanueva dio un gran ejemplo ligado a *Ash Studios* al ser seleccionado como una de las seis becas iniciales para el Desarrollo Comunitario de *Ignite/Arts* Dallas. Los fondos para las seis empresas fueron proporcionados por *Ignite/Arts* Dallas como parte de su *Meadows Price 2018*, otorgado en mayo de 2019 a CultureBank para establecer un modelo de inversión único en Dallas para apoyar proyectos artísticos que beneficien a la comunidad. El Programa de Pintura al Aire Libre de *Ash Studios* "construyó una pared de espejos, y por publicidad de boca en boca nos recomendaron con una asociación de vecinos. Esta asociación trajo una nueva obra de arte al vecindario de Oakcliff con permiso del Departamento de Transporte de Texas y la ciudad de Dallas, lo que representa una inversión de cuarenta mil dólares. Un año más tarde, sigo viendo cómo se van acomodando las cosas y la inversión semilla se ha convertido en un negocio de murales que seguirá generando empleos. Nada de eso habría ocurrido sin esa microinversión de CultureBank".

Los inversionistas van en masa a donde sea que puedan encontrar buenos rendimientos de sus inversiones. San Francisco, California floreció con la fiebre del oro de 1849 gracias a este efecto. Los mercados de capitales han evolucionado significativamente, lo que facilita encontrar buenos rendimientos, y no es un secreto que invertir en artes ha sido un área ignorada por los inversionistas. La inversión de impacto, que abarca a los inversionistas que buscan el bien social además de rendimientos financieros, está resplandeciendo sobre los artistas emprendedores y su trabajo con las artes, así como la cultura para liberar el potencial del capital humano en sus comunidades.

Preguntas para profundizar en el tema

¿Cómo podemos ampliar la inversión en las artes a TODAS las comunidades urbanas y rurales desfavorecidas?

¿Puedes pensar en una comunidad en particular con la que te gustaría trabajar?

¿Qué combinaciones naturales de comunidades y proyectos artísticos se te ocurren?

¿Con qué talleres de arte en tu comunidad podrías hablar sobre asociarte con jóvenes y adultos jóvenes?

3

TELÉFONOS INTELIGENTES, REDES SOCIALES Y LA GEN Z

—

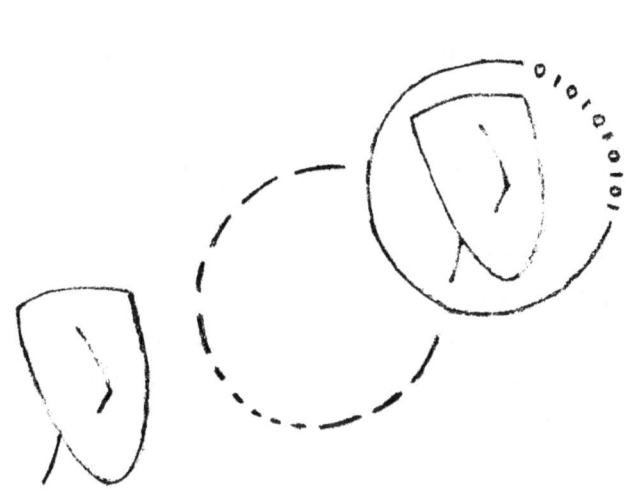

¿Te transmite la imagen un sentido de la evolución?

Lo más probable es que cualquiera que lea este libro, esté familiarizado con la historia de la vida de Steve Jobs y la forma en que se relacionaba con la gente. En particular, la contenciosa relación padre-hija que tuvo con Lisa. Si hubiera tenido una mejor relación con ella, ¿podría haber aplicado su genialidad para diseñar el iPhone de una forma distinta? Por ejemplo, en la segunda parte de su carrera se vestía casi exclusivamente con jeans, tenis y una blusa negra de cuello de tortuga para simplificar su toma de decisiones al vestirse. ¿Una mejor relación con su hija, habría resultado en un mayor enfoque en la forma en que su producto podría proporcionar una vida más sencilla para los jóvenes en vista de los cambios tecnológicos que sabía que se acercaban rápidamente? ¿Sería el mundo diferente hoy en día como resultado de ello?

El Dr. Jean M. Twenge, autor de más de 140 publicaciones científicas y libros, escribió un artículo en 2017 titulado "¿Han destruido los teléfonos inteligentes a una generación?" publicado en *The Atlantic*.[23] En éste escribe que "... el nacimiento simultáneo del teléfono inteligente y de las redes sociales ha causado un terremoto de una magnitud que no hemos visto en mucho tiempo, si es que alguna vez lo vimos. Hay pruebas convincentes de que los dispositivos que hemos puesto en las manos de los jóvenes están teniendo efectos profundos en sus vidas, haciéndolos verdaderamente infelices". ¿Por qué?

Los adolescentes de hoy en día no son muy diferentes de los del pasado. El entorno ha cambiado desde una multitud de perspectivas: social, económica, política, tecnológica; sin

---

23 Jean M. Twenge, "Have Smartphones Destroyed a Generation?", *The Atlantic*, Septiembre de 2017.

embargo, los retos siguen siendo los mismos. Desde el punto de vista biológico, nuestras capacidades físicas y cognitivas tardan varias generaciones en evolucionar, y ninguna tecnología de la información o la comunicación va a cambiar eso. Ahora sabemos, gracias a las resonancias magnéticas, que los cerebros adolescentes se diferencian de los cerebros adultos en dos aspectos clave: Su sistema límbico, que entre otras cosas, procesa las emociones, es más sensible, y les da sentimientos más gratificantes al tomar riesgos. Su corteza prefrontal, que es la que nos ayuda a controlar los impulsos, aún no está completamente desarrollada. Estos son hechos muy importantes porque nos ayudan a poner en contexto la respuesta de los adolescentes a los cambios en sus entornos con el transcurso de los años.

Arriesgándome a simplificar demasiado, ha habido dos revoluciones industriales antes de la era de la información a finales del siglo XX y del efecto resortera del siglo XXI.

El apogeo de la primera Revolución Industrial fue a principios del siglo XIX e hizo que la industria dominara una economía previamente agraria. Estados Unidos había consolidado su independencia del imperio británico y había comenzado su expansión. México estaba luchando como un nuevo país que acababa de obtener su independencia del primer imperio mundial, la monarquía española, que estaba en evidente declive. La sociedad inició una movilización a las zonas urbanas y se formó una "clase media". Fue la última etapa del período de la Ilustración, también conocida como la Era de la Razón. Nuestro sistema de educación pública actual es el resultado directo de este período. El crecimiento del motor capitalista exigía una mano de obra capacitada y el establecimiento de un sistema de educación pública que antes no existía. Cumplió bien su propósito. El cambio de una sociedad agraria y de las leyes que hicieron obligatoria la educación hizo que los jóvenes pasaran más tiempo en la escuela. Los adolescentes comenzaron a realizar menos labores manuales y a pasar menos tiempo en casa con la familia.

La segunda Revolución Industrial se relaciona con la expansión de la electricidad, los ferrocarriles, el automóvil y la llegada de la televisión. En esto, Estados Unidos y México se mueven a velocidades muy diferentes: mientras que a mediados del siglo XX el 90 por ciento de las casas rurales en los Estados Unidos tenían electricidad, México no estaba ni cerca.[24] Estados Unidos había llegado a dominar la industria automotriz gracias a sus técnicas de producción en masa y mano de obra barata. México no estaba ni cerca. Pocas personas en los EE.UU. tenían televisores en blanco y negro en casa. México acababa de inaugurar el primer canal de televisión comercial de toda América Latina. El mexicano Guillermo González Camarena registró su patente de televisión a color en Estados Unidos y México en 1941.[25] La sociedad en los Estados Unidos se vio afectada por la Segunda Guerra Mundial, el nacimiento de los *baby boomers* y el inicio de la segregación. En México, se había establecido sólidamente el único partido político dominante que gobernaría hasta el año 2000. La sociedad fue testigo del "Milagro Mexicano" donde gracias a las vastas riquezas en recursos naturales,

---

24 Erin Blakemore, "These Women Taught Depression-Era Americans to Use Electricity," History.com, 29 de marzo de 2018.

25 Adaptador cromoscópico para equipos de television, patente US2296019A registrada por Guillermo González Camarena el 14 de agosto de 1941.

una expansión continua fue impulsada por la industria, así como un aumento en los nacimientos equivalentes a los *baby boomers* en los Estados Unidos. Ambos países vieron un aumento demográfico durante un tiempo de paz y prosperidad y el automóvil dio a los adolescentes más libertad de la supervisión de lo que sus padres o generaciones anteriores habían disfrutado.

El año 1968 merece una nota especial debido a las protestas estudiantiles generalizadas en Estados Unidos, México, Francia y muchas otras naciones. Los *baby boomers* fueron la primera generación en crecer con televisores en sus hogares y tuvieron un mayor acceso a una magnitud de noticias de otros países. Si bien las protestas estudiantiles se desencadenaron por diferentes motivos, también compartían algunos puntos en común; concretamente, un movimiento contracultural y una generación de *baby boomers* que era más educada, tenía más tiempo libre, además de cuestionarse las tradiciones y la autoridad.

El crecimiento económico de la posguerra, junto con la planeación familiar por el uso legal de anticonceptivos, en particular "la píldora", tuvo como consecuencia que los *baby boomers* en etapa adulta tuvieran menos hijos y pudieran gastar más dinero en cada niño. La consolidación de los medios de comunicación masivos que había comenzado con la radiodifusión, se solidificó y multiplicó su impacto con el atractivo adicional para nuestro sentido visual. A los jóvenes se les comenzó a llamar adolescentes para identificarlos como un segmento de mercado potencial que se volvió altamente rentable, ya que compartían los ingresos disponibles de sus padres, y ganaban dinero por su cuenta. Los adolescentes continuaron teniendo más libertad al tener una menor supervisión y más tiempo libre.

Luego vino la Era de la Información con la llegada de la computadora, las comunicaciones móviles e Internet a finales del siglo XX. Una película que se estrenó en 2015[26] comienza con una entrevista que la *Australian Broadcasting Corporation* hizo al escritor de ciencia ficción Sir Arthur C. Clarke en 1974. Sir Arthur nació en Gran Bretaña en 1917 y co-escribió el guión de una de las películas más influyentes de todos los tiempos realizada en 1968 titulada "2001: Odisea del Espacio".[27]

¿Te acuerdas de Hal (una de las computadoras más famosas de todos los tiempos)? La entrevista filmada en blanco y negro muestra a Sir Arthur en una sala de computación con un reportero que había traído consigo a su hijo pequeño, Jonathan. Imagínate una sala de computación muy grande ya que fue hace casi cincuenta años. La cámara se acerca a Jonathan, y Sir Arthur afirma que cuando crezca, "tendrá en su propia casa, no una computadora tan grande como ésta, pero al menos una consola a través de la cuál él puede hablar a través de su amigable computadora local y obtener toda la información que necesita, para su vida diaria".

i siquiera Sir Arthur imaginó en ese entonces que tendríamos computadoras tan poderosas en nuestros bolsillos o muñecas. Cualquier teléfono inteligente en el mercado hoy en día tiene el poder de procesamiento y una mucho mejor conectividad

---

26 Danny Boyle, dir. *Steve Jobs*. Universal Pictures, 2015.
27 Stanley Kubrick, dir. *2001: A Space Odyssey*. Metro-Goldwyn-Mayer, 1968.

de todo el equipo de computación que estaba en la sala donde se llevó a cabo esa entrevista.

El reportero le dice: "¿Me pregunto qué clase de vida tendríamos en términos sociales? Es decir, si toda nuestra vida gira en torno a la computadora. ¿Nos convertiremos en una sociedad dependiente de la computadora?"

Sir Arthur le responde, tomando partido por el impacto positivo que tendrán las computadoras, "de alguna manera sí, pero también enriquecerán a nuestra sociedad porque nos permitirá vivir donde queramos. Cualquier hombre de negocios y ejecutivo podría vivir casi en cualquier lugar de la Tierra y también manejar sus empresas a través de un aparato como éste. Y esto es algo maravilloso. Significa que no tendremos que estar atrapados en las ciudades. Podríamos vivir en cualquier lugar, en el campo o donde nos plazca, y seguir interactuando con los seres humanos, así como con otras computadoras".

Creo que Steve Jobs veía el mundo a través de lentes similares al de Sir Arthur cuando creó el diseño del iPhone. Ambos eran apasionados de los avances tecnológicos y de sus beneficios. ¿Alguna vez se preguntó Steve Jobs, o tuvo a alguien en su círculo cercano que le hiciera la pregunta planteada por el reportero: "¿Nos convertiremos en una sociedad dependiente de la computadora?"

En su último mensaje grabado, publicado en 2007, apenas por cumplir sus noventa años, Sir Arthur declaró que "la cobertura mundial de teléfonos móviles ha superado recientemente el 50 por ciento, o 3,000 millones de suscripciones. Esto se logró en poco más de un cuarto de siglo. Desde que se creó la primera red celular, el teléfono móvil ha revolucionado las comunicaciones humanas y está convirtiendo a la humanidad en una familia global que cotorrea sin cesar. ¿Qué significa esto para nosotros como especie? Las tecnologías de la comunicación son necesarias, pero no son suficientes para que los humanos nos llevemos bien. Por eso todavía existen muchas disputas y conflictos en el mundo. Las herramientas tecnológicas nos ayudan a recopilar y difundir información, pero también necesitamos cualidades como la tolerancia y la compasión para lograr un mayor entendimiento entre los pueblos y las naciones. Tengo mucha fe y optimismo, como principio rector, tan sólo porque nos ofrece la oportunidad de crear una profecía que se cumple a sí misma. Así que espero que hayamos aprendido algo del siglo más barbárico de la historia: el siglo XX. Me gustaría vernos superar nuestras divisiones tribales y empezar a pensar y actuar como si fuéramos una sola familia".[28]

Sir Arthur no logró ver el auge de los teléfonos inteligentes ni el acceso de banda ancha que permiten una conectividad omnipresente. Tenemos todo tipo de información y medios disponibles a nuestro alcance las 24 horas del día, que va desde programas educativos hasta de entretenimiento, y de motivación hasta de adoctrinamiento. La diferencia entre la televisión y el internet es que la tele es un medio masivo de comunicación unidireccional de unos pocos hacia millones, y el internet permite que la comunicación sea dirigida y distribuida al mismo tiempo. Los teléfonos inteligentes

---

28 *TVEAPFilms*, "The last public message recorded by Sir Arthur C Clarke," circa 2009, video. 9:1.

han reemplazado efectivamente a los automóviles como la tecnología de elección para los adultos jóvenes, y con ellos se han sobreexpuesto a los medios de comunicación y a la información. Los adolescentes que alardean sus teléfonos inteligentes como símbolos de estatus, se aferran a las aplicaciones y a las redes sociales aumentando aún más su sobreexposición y con esto sus niveles de ansiedad.

El término "medios sociales" comenzó a utilizarse a finales del siglo XX, justo en el momento en que nacieron los primeros de la Gen Z. Poco después del año 2000, "Tú" fuiste la Persona del Año de la revista Time[29] por el incremento en la producción de contenido generado por los usuarios, que constituye una base del término "redes sociales" como lo entendemos actualmente: el intercambio de información e ideas con las comunidades virtuales.

Compartir información e ideas con comunidades virtuales es muy poderoso y se puede utilizar para hacer el bien. Hay grandes ejemplos de cómo la sociedad puede aprovechar las redes sociales para movilizarse y uno que se me viene a la mente es el terremoto del 19 de septiembre de 2017 en la Ciudad de México. Treinta y dos años después del terremoto que devastó a la Ciudad de México en 1985, exactamente el mismo día, la ciudad fue sacudida de nuevo, causando pánico entre millones de "chilangos" (argot para denominar a los residentes de la Ciudad de México) que, dado el aniversario, tenían el terremoto anterior fresco en la memoria. Usando los hashtags #Sismo19S, #FuerzaMéxico, #AyudaSismo principalmente en Twitter, Facebook, Instagram y Snapchat, los

---

29 YOU, "Person of the Year," *Time* magazine, 25 de diciembre de 2006.

ciudadanos respondieron inmediatamente a la tragedia. Esto incluyó reportarse con familiares y amigos, organizar a los voluntarios, establecer refugios y centros de distribución de alimentos y suministros. Todo esto contrastaba fuertemente con 1985, donde los ciudadanos tenían que depender principalmente de entidades gubernamentales para obtener información antes de poder actuar.

El problema con las redes sociales es que no pagamos por su uso. ¿Quién no aprovecharía un servicio "gratuito"? Cualquier cosa gratis es muy atractiva. Sin embargo, no es gratis ya que detrás hay empresas con fines de lucro que legítimamente buscan obtener un retorno para sus inversionistas. Es por eso que se han convertido en algoritmos de publicidad que dependen de nuestros datos para vender sus ofertas publicitarias a las corporaciones. Las corporaciones se benefician de la posibilidad de dirigirse directamente a los individuos para ofrecerles sus productos o servicios; similar a la radio o la televisión, pero de una manera mucho más precisa, grabando y midiendo nuestra interacción con los anuncios. Las plataformas de redes sociales están incentivadas para maximizar el tiempo que los usuarios pasan en sus plataformas. Es una carrera armamentista por conseguir nuestra atención principalmente gracias a las funciones, la movilidad y la conectividad de los teléfonos inteligentes.

Han quedado atrás los días en que teníamos que esperar para ver nuestro programa de televisión favorito en un cierto día y hora, o que teníamos que manejar a las tiendas de alquiler de vídeos. Hoy en día tenemos acceso a cualquier contenido bajo demanda. Hay múltiples plataformas de vídeo y servicios de *streaming* de vídeo compitiendo por obtener nuestra atención.

Generan contenido que va desde programas educativos hasta de entretenimiento, y tienen algoritmos de recomendación basados en el aprendizaje automático y la inteligencia artificial que nos ofrecen más contenido de una manera deliberada para mantener nuestros ojos pegados a múltiples pantallas de todos tamaños. Compiten con las plataformas de redes sociales, con nuestras relaciones y hasta con nuestras horas de sueño.

Tristan Harris es un ex diseñador ético de Google y fundador del *Center for Humane Technology* (Centro para una Tecnología Humana). Es muy franco al contar que fue parte de una sala de control en donde manipulaban los pensamientos y sentimientos de los usuarios de internet. En su TED Talk titulado "Cómo unas cuantas empresas tecnológicas controlan a miles de millones de mentes cada día"[30] presenta una idea simple pero poderosa: "La única forma de persuasión ética que existe es cuando los objetivos del persuasor están alineados con los objetivos del persuadido, y eso implica cuestionar grandes cosas como el modelo de negocio de la publicidad".

Estamos en una grave desventaja cuando nos enfrentamos a salas de control con mentes brillantes y tecnologías diseñadas para manipular nuestros pensamientos y sentimientos. Además, el sistema límbico de los adolescentes es un terreno fértil para que los sistemas de recompensa de "me gusta" o "streaks" se arraiguen y se vuelvan adictivos.

---

30 TED, "How a handful of tech companies control billions of minds every day | Tristan Harris," 28 de julio de 2017, video, 17:00.

En septiembre de 2020 entrevisté a la Dra. Pavica Sheldon y al Dr. James M. Honeycutt, coautores del libro *The Dark Side of Social Media* (El lado oscuro de las redes sociales) publicado en 2019.[31] La Dra. Sheldon ha estado estudiando las redes sociales desde que era estudiante de doctorado, lo que coincidió con el momento en que Facebook comenzó a ser popular. No hay muchos académicos como ella, que se enfocan expresamente en los motivos y las razones por las que los usuarios hacen uso de las plataformas de redes sociales. Me contó que su primer estudio fue sobre el por qué la gente usa Facebook. Desarrolló la escala sobre los motivos del uso de Facebook; una escala incluida en la base de datos de la Asociación Americana de Psicología que ha sido citada cerca de mil veces. Le pregunté a la Dra. Sheldon sobre su punto de vista sobre las normas sociales que siguen los adultos jóvenes (véase el capítulo 5 para obtener más información sobre las normas sociales), y ella respondió: "Los adolescentes buscan reafirmación porque, para ellos, todo se trata de la comparación social. Basado en un estudio que realicé con los adolescentes y su uso de Instagram, el resultado fue una excesiva búsqueda de reafirmación y la adicción, lo que me llevó a escribir el libro *The Dark Side of Social Media (El lado obscuro de las redes sociales)*".

La excesiva búsqueda de reafirmación, así como la conclusión del primer capítulo de su libro, deben tomarse muy en serio: "Los estudios muestran una influencia negativa de las redes sociales en la salud mental y física de uno. En general, cuanto más tiempo pasa alguien en las redes sociales, más estresado,

---

31 Pavica Sheldon and James M. Honeycutt, *The Dark Side of Social Media* (San Diego: Elsevier, 2019).

ansioso o deprimido está. Esto es especialmente cierto para los usuarios adolescentes y los pasivos [aquellos que navegan por los perfiles de los demás sin publicar material propio]. Los participantes que informaron que usaban con más frecuencia las redes sociales eran más propensos a reportar interrupciones del sueño por sus dispositivos. Otro problema es la adicción a las redes sociales. Los rasgos de personalidad, el miedo a perderse algo (FOMO, por sus siglas en inglés) y el contenido estimulante contribuyen a la adicción a las redes sociales. Los efectos más perjudiciales incluyen angustia mental, disminución en la calidad de las relaciones interpersonales y menor rendimiento escolar o laboral. Se necesita investigar más para comprender el alcance total del impacto de las redes sociales en la salud mental y física".

Curiosamente, las comunicaciones móviles representan un retroceso en términos de libertad para los adolescentes ya que los padres esperan tener una constante comunicación con sus hijos e hijas. Y esto es un hecho importante, ya que los adolescentes compensaron ese retroceso al ganar más libertad en un espacio que sus padres no podían controlar del todo: el ciberespacio. Este cambio ocasionó que los adolescentes pasaran más tiempo conectados a dispositivos, ya sean computadoras, tabletas, sistemas de videojuegos o teléfonos inteligentes. La Gen Z es la primera generación en crecer con teléfonos inteligentes y redes sociales.

La Gen Z es tribal y ha evolucionado para el tribalismo. Al igual que las generaciones anteriores, tienen que aprender a desarrollar las habilidades sociales que necesitan para tener éxito y la interacción física es absolutamente necesaria para desarrollarlas. El Dr. Twenge escribió en el artículo antes mencionado que "la adolescencia es un momento clave para desarrollar habilidades sociales; al pasar menos tiempo los adolescentes con sus amigos frente a frente, tienen menos oportunidades de practicarlas. En la próxima década, probablemente veremos más adultos que conocen el emoji adecuado para una situación, pero no la correcta expresión facial".[32]

Una idea clave de la *Global Millennial Viewpoints Survey* (Encuesta Mundial de Puntos de Vista sobre el Milenio)[33] de 2016 indica que los servicios de salud mental deben priorizarse en todo el mundo para que los jóvenes alcancen su potencial, y es particularmente preocupante que con respecto al 56 por ciento de los jóvenes encuestados, hubo una proporción de 50/50 de dieciséis a diecinueve años de edad y de veinte a veinticuatro años de edad, diciendo "la forma en que siento que se interpone en el camino de mis estudios, trabajo o vida social". Los rangos de edad de los jóvenes encuestados sitúan a la mayoría de ellos en la categoría de Gen Z. Además, el 45 por ciento estuvo de acuerdo en que los servicios de salud mental eran una de sus tres necesidades de servicio médico más urgente y el 16 por ciento estuvo de acuerdo en que la salud mental era su necesidad de servicio médico más urgente.

Estamos poniendo a la Gen Z bajo una tormenta perfecta de aislamiento, ruido y distracción, mientras le pedimos que se enfoque y tome decisiones difíciles.

---

32 Jean M. Twenge, "Have Smartphones Destroyed a Generation?" *The Atlantic*, Septiembre de 2017.

33 "2016 Global Millennial Viewpoints Survey," International Youth Foundation, consultado el 15 de octubre de 2020.

Preguntas para profundizar en el tema:

¿Crees que las empresas de redes sociales se autorregularán? ¿Los gobiernos las regularán? ¿O debemos actuar como una sociedad para regularlas?

¿Has notado que las redes sociales afectan tu estado de ánimo o tus emociones? ¿O los de tu familia?

¿Qué medidas podrías tomar para reducir el tiempo que pasas en las redes sociales?

¿Qué le puedes ofrecer a una comunidad o a un grupo que les brinde una experiencia práctica que no tenga que ver con su teléfono inteligente?

4

ARTE Y EDUCACIÓN

¿Qué es lo que te resalta en el bosquejo?

Me parece que la historia de mi amigo y socio Nicolás González es de esperanza e inspiración para millones de adultos jóvenes sin voz, que están ávidos por encontrar modelos a seguir con los que se identifiquen y les permitan visualizar oportunidades en la vida. También sirve como inspiración para cambiar el enfoque de la sociedad hacia la educación en este siglo XXI.

En febrero de 2020, el Sr. González inaugura un mural en el Consulado de México en su ciudad natal. El discurso inaugural lo da el máximo funcionario del gobierno que representa a

México en el norte de Texas, el Cónsul Francisco 'Paco' de la Torre. Como testigo de la develación y con una expresión de admiración en su rostro está el juez Clay Jenkins del condado de Dallas. Veo a Nic nervioso esperando su turno para dirigirse a los asistentes y entre ellos los más importantes para él: su familia. Han pasado dos meses desde que se le comisionó pintar el mural, pero han pasado catorce años desde que les comunicó a sus padres que iba a ser un artista. A diferencia de la celebración que a menudo sucede cuando los niños les dicen a sus padres que quieren convertirse en ingenieros, la noticia de Nic fue recibida con desaprobación de su padre.

El Sr. González pasó innumerables horas en su mural interior inspirado en el movimiento del siglo XX en México que fue iniciado por nombres internacionalmente reconocidos como David Alfaro Siqueiros y Diego Rivera. En él, retrató a su padre y a su sobrina. A través de su talento capturó un magnífico retrato social. Un río atraviesa no sólo dos países, sino generaciones de una familia que es representativa de un hilo significativo del tejido social de América del Norte. A la derecha, un migrante cuyas manos envejecidas siguen ayudando a construir una de las naciones más poderosas del mundo. A la izquierda está su nieta que trae puesto un birrete de graduación y observa las tierras agrícolas que él sigue cultivando hasta el día de hoy. El abuelo nació en un país que no le podía ofrecer suficientes oportunidades para capitalizar su espíritu emprendedor, su ética de trabajo duro y su perspectiva de inversionista a largo plazo; una persona que estuvo dispuesta a renunciar a los rendimientos a corto plazo para asegurar el éxito de las generaciones venideras. Don Isaías no recibió una educación para poder adquirir los conocimientos que las empresas buscaban en su México natal o en Estados Unidos, por lo que, junto con su esposa, tomó un gran riesgo y emigró a la tierra de las oportunidades. Toda la familia González agradece a Doña María y a Don Isaías por sus sacrificios. El Sr. González estaba agradecido de que todos ellos pudieran presenciar uno de sus logros.

El Sr. González es el más chico de los tres hermanos, cada uno de los cuales es "el resultado de haber crecido en un barrio rudo". Sin embargo, a diferencia de su hermano y hermana, nació con un don para el dibujo que le ayudó a superar la ansiedad que con frecuencia sentía mientras asistía a escuelas públicas en una parte desfavorecida de la ciudad; escuelas que forman parte de un sistema educativo que no era el adecuado para él, y de hecho para ningún otro niño que no se ajustara a una norma establecida por los administradores que no entendían la cultura o las necesidades personales de Nic. A pesar de que no había suficientes computadoras disponibles en las escuelas sobrepobladas a las que asistió, el Sr. González adquirió conocimientos tecnológicos gracias a que su padre le compró una computadora personal básica y fue uno de los primeros niños de su círculo de amigos y muchos primos en tener un teléfono celular. Nic recuerda con nostalgia haber sido de los primeros usuarios de Internet vía línea telefónica, cuando descubrió que con paciencia en varios días podía descargar canciones y quemar CDs. Sus aparatos y, lo que es más importante, el compartirlos con sus compañeros, le ayudaron a equilibrar su personalidad introvertida. Haber aprendido de los errores de sus hermanos mayores lo ayudó a no meterse en problemas. Gracias a sus habilidades artísticas y haciendo lo mínimo necesario en un sistema fallido, se graduó anticipadamente de una escuela preparatoria la cual él sentía como una "prisión". También el haber trabajado en construcción de techos y en limpieza fue un gran incentivo para que siguiera con sus estudios superiores.

Se sintió muy orgulloso de ser el primero de su familia en haberse graduado de la preparatoria, aunque también esto lo enfrentó a una cruda realidad: No conocía el proceso para aplicar a la universidad ni tenía el apoyo para hacerlo. Gracias a que se graduó antes de tiempo, obtuvo una beca para el Eastfield Community College, así que la aceptó; un nuevo entorno, uno sin cámaras en cada esquina o barrotes en las ventanas. Libre por fin, pensó, sólo para descubrir que no estaba totalmente preparado para el reto académico. Se sintió desanimado y dejó la escuela. "Bienvenido de vuelta" fue el mensaje que lo esperaba entre sus compañeros del vecindario que estaban contentos de ver que Nic se unía a su "diversión", que es lo que el Sr. González hizo por un tiempo.

Las Artes y las evaluaciones a gran escala

"Cada estudiante que deja la escuela tiene una razón para ello, la cual está arraigada en su propia biografía. Puede ser que se les haga aburrida, que crean que es irrelevante, que no va de acuerdo con la vida que viven fuera de la escuela. Hay tendencias, pero las historias siempre son únicas". Sir Ken Robinson, autor británico, orador y asesor internacional en educación.[34]

---

34 TED, "How to escape education's death valley | Sir Ken Robinson," 10 de mayo de 2013, video, 19:11.

Creo que Sir Ken Robinson estaría de acuerdo con Luis Camnitzer ya que para el primero: "La educación es una profesión creativa y no un sistema de producción."[35]

En mi opinión, las pruebas estandarizadas o las evaluaciones a gran escala son un elemento clave de los sistemas educativos que se comportan más como un sistema de producción de lo que deberían ser en realidad.

En las últimas décadas se vio un aumento significativo en el uso de evaluaciones a gran escala (LSA, por sus siglas en inglés) en la educación. Se han desarrollado e implementado más LSAs, más estudiantes y profesores han estado sujetos a las consecuencias de las LSAs y más países y áreas han participado en las LSAs. Como resultado, el impacto y la influencia de las LSAs se ha vuelto mayor, más profundo y más trascendental.[36]...

Las LSAs se han utilizado con diversos propósitos. Los principales son tres: obligación de rendir cuentas, selección y comparación. Las LSAs en cuanto a la obligación de rendir cuentas son evaluaciones con el fin de que los profesionales de la educación sean responsables por el aprendizaje de sus estudiantes. Estados Unidos, por ejemplo, ha estado utilizando LSAs a nivel estatal para hacer que los maestros y

---

35 Luis Camnitzer, *Visiting Minds 2013: Radical Pedagogy* (Panamá: Sarigua. 2013).
36 Trina E. Emler et al, "Side Effects of Large-Scale Assessments in Education," *ECNU Review of Education* 2, no. 3, Septiembre de 2019, páginas 279-96.

dirigentes escolares sean responsables de los logros de los estudiantes a través de leyes como *No Child Left Behind Act* (Que ningún niño se quede atrás).[37]

Si las LSAs pudieran medir todo lo que es deseable en la educación y lo que importa en la vida, servirían como una excelente herramienta para mejorar la educación. Sin embargo, es imposible para las LSAs medir todo lo importante en la educación y para lograr el éxito individual y la prosperidad social por varias razones.

- Hay mucha disputa sobre el conocimiento, las habilidades y otras cualidades humanas que hacen que una persona tenga éxito en la vida o en una sociedad próspera en el futuro, ya que las sociedades humanas están cambiando constantemente.
- No tenemos formas válidas y confiables de evaluar muchas cualidades humanas importantes como la creatividad, el emprendimiento y el bienestar social, así como emocional a gran escala.
- La naturaleza homogénea hace que sea difícil que una LSA mida de una manera válida y confiable todo lo importante, ya que lo importante puede estar en conflicto o competir entre sí.
- Los altos costos dificultan desarrollar y administrar un número ilimitado de LSAs frecuentemente. Por estas razones, las LSAs sólo han sido capaces de medir habilidades y conocimientos en un número muy

---

37 Trina E. Emler et al, "Side Effects of Large-Scale Assessments in Education," *ECNU Review of Education* 2, no. 3, Septiembre de 2019, páginas 279-96.

limitado de áreas como las matemáticas, el lenguaje y la ciencia. Lo que se ha medido se limita típicamente a la capacidad cognitiva en estas áreas.

El aumento que ha habido de las LSAs implica su valor y utilidad en la educación. Las LSAs pueden ser herramientas poderosas para hacer que los educadores tengan la obligación de rendir cuentas, así como un medio eficiente para recopilar y aportar pruebas para la formulación de políticas. También se perciben como instrumentos objetivos e incorruptibles para la clasificación y selección de personas para oportunidades competitivas como universidades de prestigio. Pero junto con el aumento en el uso e impacto de las LSAs también ha crecido la crítica hacia ellas. Aunque nunca habían faltado las críticas hacia las LSAs, su aumento ha suscitado aún más.[38]

El poder de los programas de educación alternativa

Sir Robinson ha hablado sobre los programas de educación alternativa y ha señalado que los que han tenido éxito tienen ciertas características en común:[39]

- Personalización
- Fuerte apoyo a los profesores
- Vínculos estrechos con la comunidad
- Plan de estudios amplio y diverso

---

38 Ibid
39 TED, "How to escape education's death valley | Sir Ken Robinson," 10 de mayo de 2013, video, 19:11.

- Ofrecer programas que involucran a estudiantes tanto dentro como fuera de la escuela

David J. Sullivan es una persona maravillosa que ha estado ayudando a su comunidad desde 1977. Desarrolló su carácter de líder servidor y su compromiso con la comunidad gracias a su madre y a su padre, quienes fueron misioneros católicos en Nuevo México, Kansas City y Belice. Su padre fue un optometrista y psicólogo que dejó de ejercer en su consultorio privado en Holyoke, Massachusetts, y se convirtió en el primer doctor anglosajón en trabajar en la Clínica Samuel Rodgers que principalmente atendía a pacientes estadounidenses de raza afroamericana y a hispanos en Kansas City. Dave trabajó para el Centro Educativo de la Salle, una escuela alternativa, de 1977 a 1998, y después fundó ArtsTech con la misión de mejorar la vida de los jóvenes urbanos de bajos recursos a través del desarrollo de habilidades artísticas, técnicas, de salud y educativas.

Supe de ArtsTech por Deborah Cullinan, y en julio de 2020 manejé de Dallas a Kansas City para conocer al Sr. Sullivan. Fue un largo viaje; sin embargo, debido a la pandemia de COVID-19 me sentía más seguro de ir en mi auto que en un avión. Desde que conocí a Dave, hemos tenido varias conversaciones, y siempre es energizante hablar con él. También es motivante dada su clara visión de los exitosos programas de educación alternativa, tanto desde un punto de vista teórico como en los resultados que su organización ha logrado con miles de adultos jóvenes. El Sr. Sullivan está totalmente de acuerdo con Sir Robinson y destacó la importancia del componente de servicio que involucra a los estudiantes fuera de la escuela.

Dave me dio un gran ejemplo de este componente de servicio: "ArtsTech ha estado realizando trabajos de inclusión digital desde su fundación. Recientemente, operamos un proyecto intergeneracional que capacitó a quince jóvenes de preparatoria para que fueran "Conectores Digitales" de su vecindad para ponerse en contacto con 250 personas de la tercera edad. Los adultos jóvenes participaron en un programa de capacitación de cuarenta horas donde aprendieron doce competencias básicas, incluyendo la alfabetización digital. El instructor los certificó al finalizar la capacitación. Los "Conectores Digitales" utilizaron entonces sus nuevas habilidades tecnológicas para enseñar a 250 personas de la tercera edad los conocimientos básicos de Internet, correo electrónico y Photoshop en una sesión de capacitación de diez horas. No sólo les enseñamos habilidades de alfabetización digital a jóvenes y a personas de la tercera edad. ¡Cambiamos sus vidas!".

Regresando al tema de las artes, el Sr. Sullivan declaró: "El arte hace una diferencia positiva en la vida de los jóvenes con problemas" y recordó el caso de Cicely, un adolescente confundido, resentido y conflictivo que había sido expulsado de tres escuelas antes de asistir a ArtsTech. El arte ayudó a Cicely a mejorar significativamente su nivel académico y su salud mental. También demostró ser terapéutico y Cicely obtuvo lo que necesitaba para sanarse.

Otra característica de los programas de educación alternativa que el Sr. Sullivan destacó fue la personalización, que él denominó Instrucción Individualizada. No puede ser sólo parte de la educación alternativa, tiene que ser parte de la educación convencional.

El elemento central de un sistema educativo competente es el estudiante. Y cuando nuestro siglo XXI exige un aprendizaje permanente debido al cambio en la naturaleza de los trabajos, la mentalidad del estudiante se vuelve aún más relevante. Cualquier sistema educativo debe considerar cómo desarrollar una mentalidad exitosa en el alumno si aún no la tiene.

A finales de 2015, tuve el privilegio de que me presentaran a Sixto Cancel. Su historia es una de determinación y sufrimiento transformada en una causa. Bajo la premisa de que todos los jóvenes merecen prosperar a pesar de la adversidad, fundó una organización sin fines de lucro que se enfoca en aprovechar la tecnología para cambiar el sistema tutelar y lograr mejores resultados para los jóvenes que van sobrepasando la edad máxima para estar dentro del sistema. El conocía el sistema tutelar, ya que desde los once meses de edad había sido parte de éste. Creció en él, excepto por un período de un año, cuando tenía unos seis años de edad y regresó con su madre biológica, pero acabó ingresando de nuevo al sistema. Fue adoptado a los nueve años, se la pasó de casa en casa hasta los trece, y volvió a entrar en el sistema a los quince; el Sr. Cancel sabía que vivía en un sistema disfuncional e inservible. Ha hecho público anteriormente que incluso sufrió abusos físicos y verbales por parte de una madre adoptiva que le enseñó que "lo que sucede en esta casa no sale de aquí". Una vez, durante una conversación con un trabajador social, afirmó que no sufría ningún abuso, pero cuando ella le preguntó si salía a jugar, respondió con franqueza: "No. No podemos hacer eso". Cancel hacía un buen trabajo encubriendo a su madre adoptiva y haciendo exactamente lo que ella le pedía que hiciera. En ese momento, no sabía que esas cosas no eran normales. A diferencia de otros adultos jóvenes en su situación, se fue concientizando que no tenía que aceptarlo.

El bajo desempeño de sus maestros de escuela que perdían los estribos, no estaban capacitados para reducir tensión en situaciones de conflicto, y no utilizaban métodos innovadores para enseñar, le hizo pensar que tenía que haber algo mejor. Tuvo que comprobar el abuso que su madre adoptiva había cometido, el cual fue simplemente descartado por el sistema por un tecnicismo. Resulta que ella no sabía que la grababan. Esto hizo que el Sr. Cancel se diera cuenta de que no tenía derecho a opinar y le dio la libertad para lograr ser escuchado y así poder abogar por sí mismo. Su constante queja con los trabajadores sociales le dio un lugar en el consejo asesor juvenil donde comenzó a abogar por otros que estaban en su misma situación.

Tuve la oportunidad de entrevistar al Sr. Cancel en junio de 2020. Estaba ocupado como de costumbre y tuvimos que aprovechar al máximo el tiempo limitado que habíamos programado, así que fuimos directo al grano en cómo fue que desarrolló esa conciencia: "Cuando tenía quince años me involucré en el teatro musical gracias a una maestra que se encargó de reunir a este grupo de quince jóvenes después de la escuela; no como parte de algún programa escolar, sino por su cuenta y sin contar con los fondos. Ella estaba totalmente comprometida con esto y con hacer una diferencia, inclusive nos recogía en su camioneta o coordinaba a los padres para que lo hicieran. Nos presentábamos en el mismo lugar y montábamos obras de teatro, y también veíamos obras de teatro que me ayudaron a tener una mejor perspectiva. Una de esas obras era sobre un esclavo liberado tratando de comprar la libertad de su esposa. Me impresionó y tuvo en mí un impacto de por vida". Su profesora de teatro sería uno de los muchos mentores que el Sr. Cancel ha tenido a lo largo de su vida y hasta el día de hoy se mantiene en contacto con ella y el grupo se junta a una reunión navideña. En sus propias palabras: "A lo largo de la vida he tenido muchos mentores diferentes, y en cada etapa de tu vida tu relación con ellos cambia. Es importante estar siempre abierto a cómo la relación se sentirá diferente a medida que pasa por estas diferentes etapas. Estoy aquí por mis mentores. Esto no tiene precio y es fundamental poder tomar el teléfono para llamar a tres o cuatro personas y poder confiar en ellas y en sus consejos al tomar decisiones difíciles. Conectar con adultos o personas que quieran estar ahí para ti".

La determinación en su carácter se refleja en su postura y en sus ojos mientras continúa explicando el concepto de establecer altas expectativas de rendimiento para él y los demás; algo que aprendió al entrar a Clinton Global Initiative University (Universidad De la Iniciativa Global Clinton) y ver de primera mano cómo se ve la verdadera acción innovadora a un nivel superior. Habló de los jóvenes de su edad que utilizan datos y tecnología para realmente dejar una huella en el mundo: "Eso me puso las cosas sobre la mesa. Hay todas estas cosas que no sirven y no funcionan bien. Yo debería hacer algo al respecto y estar en contacto con iniciativas funcionales de alto rendimiento es la manera de hacerlo".

El Sr. Cancel es un firme creyente en el poder de la tecnología como lo demuestra el enfoque de su organización, sin embargo, cuando en un punto de nuestra conversación mencionó "estas cosas" que los adultos jóvenes deben averiguar y aprender, le pedí que ampliara lo que quería decir con "estas cosas". Afirmó que se refería a "Cómo regular tus emociones. Cómo comunicarse con otras personas. Cómo trabajar con otras personas. Cómo formar tus sueños y pensamientos. ¿Cómo quieres pasar tu tiempo sin que sea sólo para sobrevivir?"

El Sr. Cancel no cree que podamos vivir en un mundo donde sólo nos comunicamos virtualmente. Necesitamos tener experiencias presenciales, y eso nunca debe quitarse por completo de la mesa. Al interactuar con los adultos jóvenes, debemos escucharlos para entender cuál es su propio camino de sanación. ¿Cuáles son sus propios caminos de desarrollo y cuál sendero funciona mejor para cada uno de ellos? Deberíamos involucrar mucho más a las artes y los programas presenciales. El sistema es defectuoso en cuanto a que vemos estas cosas como intervenciones porque los jóvenes carecen de algo, cuando en realidad se supone que deberían estar aprendiendo. Se supone que están descifrando las cosas y que van aprendiendo sobre la marcha.

También cree que necesitamos entender realmente toda la diversidad de opiniones ya que estamos llegando al punto en que la gente es intolerante hacia la individualidad de las personas, y para él "el teatro es una de las formas más poderosas de realmente meterse en un personaje y tratar de entender de arriba a abajo a ese personaje".

Alguien que estaría totalmente de acuerdo con el punto de vista del Sr. Cancel es un maestro de teatro que enseñó durante treinta y dos años en Miami Beach Senior High School y consideraba a la Ciudad de México como su segundo hogar,

Jay W. Jensen. Sus estudiantes incluyen a actores conocidos como Andy García. Un documental titulado "Class Act"[40] en 2007, destaca la importancia de la educación artística en el sistema de escuelas públicas. Contiene un tesoro de consejos que se alinean con la historia de este inspirador y dedicado profesor de teatro de preparatoria.

Las artes: secundarias o no

En una entrevista con el Dr. Elliot W. Eisner, una de las mentes académicas líderes en los Estados Unidos, afirma: "Creo que la justificación de las artes con base en resultados no artísticos es una línea de argumento peligrosa para las artes, porque realmente indica que lo que importa son las calificaciones en matemáticas, y que las artes son siervas de las matemáticas."[41]

Antes creía que las calificaciones en matemáticas eran uno de los indicadores más importantes sobre el progreso de los estudiantes, y que la enseñanza de la música ayudaba a mejorar esas calificaciones. Sin embargo, ahora pienso diferente, y estoy totalmente de acuerdo en que las artes tienen su propio lugar y cuando se intersectan con la tecnología, ofrecen una combinación educativa muy poderosa.

Alfie Kohn, autor y conferencista en las áreas de educación, crianza de los hijos y comportamiento humano, afirma en este documental: "Considero que lo que más me molesta es

---

40 Sara Sackner, dir. *Jay W. Jensen and the future of arts education in America*. Sackner Films Inc. 2007.
41 Sara Sackner, dir. *Jay W. Jensen and the future of arts education in America*. Sackner Films Inc. 2007.

esa idea de que las artes son un medio para lograr algo más. Creo que voy a gritar si escucho a una persona más decir que la música es buena para los niños ya que mejora sus calificaciones en matemáticas. Saben, sólo una vez me gustaría escuchar a alguien decir lo contrario. Mira, deberíamos darles a los niños un poco de matemáticas porque podrían ser mucho mejores músicos o artistas. En ese caso, al diablo. Las artes triunfan o fracasan por sí solas, y necesitan triunfar. Enriquecen nuestro espíritu, ennoblecen nuestra existencia. No son clave para mejorar las habilidades en algún otro ámbito."[42]

Dana Gioia es un poeta y escritor aclamado internacionalmente nacido en Los Ángeles, cuya madre era mexicana. Trabajó durante quince años como empresario antes de renunciar, a los cuarenta y un años, para dedicarse a ser escritor de tiempo completo. Es el ex Presidente de la National Endowment for the Arts (Fundación Nacional para las Artes). En este documental indica múltiples cosas que son aún más relevantes hoy en día que cuando se estrenó:

> Es difícil medir objetivamente la condición de la educación artística, y lo digo con cierto pesar. No parece haber ningún indicativo nacional plenamente competente sobre esto, para que podamos consultar lo que ha estado sucediendo en los últimos veinte años estadísticamente. Pero creo que la evidencia local y la evidencia cualitativa es bastante clara. La educación artística parece estar en declive en los Estados Unidos, algo que solíamos dar por hecho. En preparatoria, las

---

42 Ibid

clases de banda, coro, teatro y danza han disminuido en gran parte del país al haber sido agrupadas con la educación física. Así que tienes una generación de niños que están llegando a la madurez sin las ventajas de haber recibido una educación artística.[43] ...

Creo que esto es bastante peligroso y te diré por qué. Si piensas en la preparatoria, es el momento cuando los chicos están esencialmente encontrando su identidad adulta. ¿Cuál es su lugar en el mundo? Actualmente, existen solo unos cuantos caminos hacia el éxito con base en resultados académicos y un cierto número de chicos tendrán éxito gracias a eso. Están los deportes. Algunos chicos se reforzarán a sí mismos y a su identidad, fortalecerán su autoestima, tal vez harán deportes además de lo académico. Pero muchos chicos no son buenos ni en lo académico ni en los deportes o son mediocres en eso, y lo que hace la educación artística es darles otra alternativa para el autoconocimiento, fortalecer su autoestima, y conocer sus propios talentos. Y lo sé por mi experiencia como maestro; si creas la posibilidad de que un chico haga bien algo, de repente se conectan a esa clase de una manera que de lo contrario no lo hubieran hecho.[44]...

Y entonces tienes una situación en la que el peor chico de tu clase, el payaso de la clase, de repente se convierte en la estrella de la clase gracias a que has integrado como parte del plan de estudios la lectura de

---
43 Ibid
44 Sara Sackner, dir. *Jay W. Jensen and the future of arts education in America*. Sackner Films Inc. 2007.

Shakespeare, la recitación de poesía, o la actuación, en vez de simplemente un estudio analítico. Así que lo que me preocupa es que, al perder la educación artística, estamos perdiendo una parte significativa de la próxima generación. Van a ser chicos que realmente no están a la altura de sus talentos, que no descubren en que destacan.[45] ...

Y si este país va a competir con el resto del mundo en el siglo XXI, no va a ser por mano de obra barata, no va a ser por materias primas baratas, va a ser por creatividad, ingenio e innovación. Una nación que no invierte en educación artística no va a tener esas capacidades al más alto nivel para el futuro.[46]...

No creo que la decisión sea principalmente financiera. Este país ha tenido una enorme capacidad en el pasado para encontrar formas de hacer lo que sabe que tiene que hacer. Creo que el problema en Estados Unidos es la idea de que se trata de una prioridad secundaria o terciaria. Las artes tienden a ser lo primero que se recorta en los presupuestos y tienden a ser lo último en ser reintegrados. Lo que tenemos que hacer es convencer a la gente de que esto es algo fundamental para el desarrollo de los estudiantes, para ofrecerles una educación adecuada en un mercado libre, una democracia, y para realmente hacer que este país sea

---

45 Ibid
46 Ibid

competitivo en el siglo XXI. Si la gente se diera cuenta de eso, los fondos no serían un problema.[47]...

Lo que más me preocupa de la educación en Estados Unidos, y Dios sabe que hay mucho que me preocupa de la educación en este país, es que de alguna manera nos estamos conformando con decir que el propósito de la educación pública es crear trabajadores de nivel básico mínimamente calificados para la sociedad. Ese no es el propósito de la educación, especialmente en una democracia. El propósito de la educación es crear adultos jóvenes que sean capaces de llevar una vida plena económica, cultural, personal y políticamente en una democracia y ese debería ser nuestro objetivo.[48]

Una razón más por la que encuentro este documental aún más relevante es porque se estrenó antes de que los teléfonos inteligentes y las redes sociales se hicieran populares. Será un punto de referencia para el futuro, y en ese sentido, me llamó la atención una cita en particular.

"Este país se está dividiendo en dos grupos, uno que es alfabetizado, activo y comprometido; personas que administran su propio tiempo y hacen un espacio para todo en sus vidas. Y un segundo grupo de personas que tienen una relación muy pasiva con los medios electrónicos. Ven la televisión, navegan en el internet, juegan videojuegos. No están leyendo, y si no

---

47 Ibid
48 Ibid

puedes leer, las artes están prácticamente clausuradas para ti", afirma Dana Gioia.[49]

El arte es importante para desarrollar la curiosidad, la colaboración y la comunicación, así como el pensamiento creativo y crítico como habilidades clave del siglo XXI.

Preguntas para profundizar en el tema:

Si la institución educativa a la que asistes, o a la que tus hijos asisten, no ofrece un programa de artes, ¿buscarás uno?

¿Hay algún programa extracurricular de artes que podrías proponer a una escuela local? ¿A quién necesitas para que te ayude con esto?

¿Qué medidas podría tomar como miembro de la comunidad para informar a los miembros de la junta escolar sobre la importancia de las artes en las escuelas?

---

49 Sara Sackner, dir. *Jay W. Jensen and the future of arts education in America*. Sackner Films Inc. 2007.

5

GEN Z: NO INVENTASTE SER DISRUPTIVO

Símbolos neolíticos

La única constante es el cambio. Sin embargo, algunas cosas no cambian mucho. ¿Cierto?

Es posible que los adultos jóvenes no sepan que en México, el gobierno prohibió los conciertos de rock durante casi dos décadas. En 1971, hubo un concierto de rock masivo en Avándaro, un pequeño pueblo ubicado a dos horas de la Ciudad de México, similar al famoso concierto de Woodstock de 1969 en los Estados Unidos. En consecuencia, ser un adulto joven que no progresaba bajo el sistema educativo tradicional se convirtió en sinónimo de ser un delincuente con mente comunista, que desafiaba los valores familiares y la paz social. Por lo tanto, el gobierno mexicano prohibió los conciertos para domar la actitud rebelde y desafiante de los adultos jóvenes.[50]

Tanto en los Estados Unidos como en México, el inicio de la cultura adolescente moderna comenzó después de la Segunda Guerra Mundial. Los adolescentes estaban ocupados principalmente realizando mano de obra manual en las granjas o en las ciudades antes de ese período de crecimiento económico y poblacional. La década de los 60 fue un período de cambio social significativo: el pelo largo, las drogas psicodélicas, las protestas estudiantiles y la brecha generacional comenzó a hacerse cada vez mayor. Luego llegó la década de los 70, donde los adultos jóvenes se montaban sobre los hombros de las libertades juveniles adquiridas en las décadas anteriores.

Maria Elisa Wolffer, una adolescente en la década de los 80, creció en el vecindario de Coyoacán, en la Ciudad de México, no muy lejos del Museo Frida Kahlo. Fue educada para

---

50 *Canal22*, "Documental 1968-1971. Los Jefes del Rock," 14 de mayo de 2009, video, 49:3.

cuestionar el status quo y valorar a las personas por lo que son y no por lo que tienen. Ella se identifica como un ser disruptivo y una pensadora no convencional. Su camino educativo "tradicional" terminó anticipadamente. Se convirtió en una emprendedora en serie y luego en madre de tiempo completo criando a sus tres hijos en Querétaro, en el centro de México.

Puedo ver la confianza y determinación en la forma en que me mira mientras relata que pasó sus años de primaria y secundaria en escuelas privadas y se convirtió en una adolescente rebelde. Entró en una escuela secundaria que eligieron sus padres para ella, y a medida que fue creciendo no era feliz en absoluto; particularmente por lo materialistas que eran sus compañeros. Un día, en una reunión pública de los estudiantes en su primer año de preparatoria, el director de la escuela preguntó a todos los estudiantes si alguien no era feliz en la escuela. Ella se armó de valor para levantarse delante de todos y alzó la mano, pensando: "Como mis padres no me escuchan, espero que el director de la escuela sí lo haga". En consecuencia, llamaron a sus padres para que fueran a la escuela y le permitieron cambiarse a una escuela de su elección más cercana a su casa.

Su nueva escuela fue mucho más laxa académicamente y pasó sin hacer mucho esfuerzo sus últimos años de preparatoria. Se dio cuenta de que tampoco era feliz en la nueva escuela que había elegido, porque no estaba aprendiendo mucho; fuera de cómo jugar al dominó, lo cual me contó con una sonrisa que no podía ocultar. Se cambió a una tercera preparatoria en donde se reencontró con varios de sus amigos de la infancia y ahí se graduó. Comenzó la universidad en la Escuela de

Administración de Instituciones (ESDAI), una universidad privada enfocada en la industria de la hospitalidad ya que le apasionaba la cocina y el servicio. En su primer semestre ya estaba batallando académicamente y además tuvo una fuerte discusión con un maestro, así que la expulsaron. Su padre ya se había hartado de su actitud rebelde y le dijo que tenía que empezar a trabajar o que la correrían de la casa. Empezó a trabajar en el restaurante de hamburguesas Fuddrucker sirviendo mesas.

De acuerdo a sus propias palabras, podría haber terminado en prisión en su adolescencia y afortunadamente no fue así. Cuando le pregunté qué la había salvado de eso, me dio una respuesta inesperada: "Siempre he tenido buena visión, intuición para identificar el carácter de las personas y la capacidad de hacer conexiones. Además, siempre he tenido una gran alineación entre mente, corazón e intuición. Soy muy sensible y cuando conozco a alguien nuevo me enfoco en las vibras. Si siento una mala vibra entonces me voy. Mi antena siempre está parada y escaneando".

Ella considera que heredó la sensibilidad de su abuela que, aunque no era culta era muy sabia y de su padre que era un fan de la música y le inculcó su amor por ésta. Tomó clases de música desde muy joven y al igual que su padre no puede funcionar sin ella: "Yo sabía si mi padre estaba en casa si se escuchaba música, ya que siempre tenía música de fondo".

Un regalo de su padre que recuerda con cariño es un estéreo portátil que recibió cuando tenía trece años. También le encantaba pasar tiempo escuchando conciertos con él, ya sea en vivo o grabados. No es de extrañar que lo primero que hace cuando trabaja es poner música, seleccionando el tipo de música que vaya de acuerdo con la tarea en cuestión, lo que significa que puede tener una variedad de música acompañándola que va desde Mozart hasta el rock de los ochenta o música "grupera".

Fue muy fácil conectarme con la Sra. Wolffer a pesar de que sólo había hablado brevemente con ella una vez antes de nuestra entrevista. Me dice que esto le pasa todo el tiempo, y con frecuencia la gente le pide consejos. El consejo que le da a los adultos jóvenes como sus tres hijos es: "Asegúrate ante todo de conectarte contigo mismo. Todo el mundo tiene al menos una habilidad y tu labor es identificar qué es lo que haces que te hace sentir bien. Después averigua cómo puedes sobresalir utilizándola para ser productivo y ganarte la vida".

Si eres un Gen X o Millennial, es probable que puedas relacionarte con la historia de la señora Wolffer incluso si creciste en los Estados Unidos. Si eres un Gen Z, puede que haya algunos conceptos extraños como un estéreo portátil, sin embargo, es probable que puedas identificarte con actitudes rebeldes o disruptivas de los adolescentes.

Tuve una conversación con Tyler Durman en julio de 2020. Tyler es el autor de *Counterintuitive. What 4 Million Teenagers Wish We Knew (Bite-Sized Wisdom 4 Parents and Teachers* (En contra de la intuición. Lo que 4 millones de adolescentes desearían que supiéramos. Sabiduría fácil de entender para Padres y Maestros).[51] Él ha hablado con más

---

51 Tyler Durman. *Counterintuitive. What 4 Million Teenagers Wish We Knew (Bite-Sized Wisdom 4 Parents and Teachers)*. (Laguna Beach, California: BSWisdom Books, 2015).

de cuatro millones de adolescentes en el transcurso de treinta años. Después de cada presentación, invariablemente los adolescentes se le acercan para contarle y confesarle cosas que nunca les han dicho a sus padres, maestros o incluso a sus mejores amigos. Conoce a los adolescentes por dentro y por fuera.

Quiero contrastar la experiencia de la Sra. Wolffer y la de los adolescentes descrita por el Sr. Durman, con base en su experiencia en el tema, para demostrar cómo los retos no han cambiado entre las generaciones. ¿Puedes relacionar los retos que has enfrentado, o que todavía enfrentas, con las que vivió la Sra. Wolffer, incluso si pertenece a una generación diferente a la tuya?

¿Puedes percibir algo de arrogancia en la historia de adolescente rebelde de la Sra. Wolffer? El Sr. Durman me dijo: "Los jóvenes siempre son arrogantes, ya que siempre piensan que son más inteligentes que las personas mayores. Es muy cierto el antiguo dicho que la juventud se desperdicia en los jóvenes. Su visión del mundo es que las personas después de cierta edad no tienen nada que aportar porque no entendemos".

La profesora Sarah-Jayne Blakemore, autora galardonada de *Inventing Ourselves: the Secret Life of the Teenage Brain* (Inventándonos a nosotros mismos: la vida secreta del cerebro de los adolescentes) muestra que "la adolescencia está relacionada con cambios en los comportamientos. Comportamientos como la toma de riesgos y la impulsividad, así como la influencia entre los pares llegan a su máximo nivel durante la adolescencia. Estos cambios de comportamiento son consistentes en todas las especies, culturas y también en todas las descripciones históricas de la adolescencia. Es un período de la vida en el que estamos forjando nuestras propias identidades y particularmente nuestro sentido de identidad social. Es decir, como nos ven los demás. Es cuando los adolescentes comienzan con jerarquías sociales muy caóticas y tienen que formar grupos de sus pares".[52]

Los grupos de pares de los adolescentes no son diferentes de los grupos de pares de los adultos en cuanto a que su comportamiento se rige por reglas o pautas no escritas, llamadas normas sociales. Estas normas sociales especifican lo que es aceptable y lo que no es aceptable en el grupo. Además, hay dos tipos de normas: Lo que se supone que debemos hacer (normas cautelares) y lo que todos los demás están haciendo (normas descriptivas). Si añades el elemento de percepción de esas normas sociales, puedes ver que se vuelve muy complicado demasiado rápido. La buena comunicación y la confianza son muy importantes para tener la posibilidad de entender las normas sociales de otros grupos.

El Sr. Durman afirmó, refiriéndose a los adultos jóvenes:

> Ellos necesitan saber que los valoramos. Se trata solamente de escucharlos. Escucharlos y verlos verdadera y empáticamente, y pasar de cinco a doce minutos al día con ellos. Darles la oportunidad de compartir algo sobre su día, sea pequeño o grande. Incluso si no tienen ganas de compartir, se dan cuenta de nuestra intención. Y todas esas cosas se van sumando para

---

[52] TED, "The mysterious workings of the adolescent brain - Sarah-Jayne Blakemore," 1 de junio de 2013, video,14:26.

decirle a este adulto joven: Te veo y te valoro. Estoy ocupado, estoy estresado, pero tú me importas.

Todos los niños rebeldes que he conocido quieren desesperadamente estar cerca de sus padres. Quieren eso más que nada porque son como los pollos a la parrilla; no están cocidos en el interior a pesar de que parecen estarlo. Yo les doy una pequeña estrategia de cómo pueden volver a casa y lo que pueden hacer para que sus padres los miren con atención y vean sus corazones. Y sólo les doy una estrategia muy simple que es decir la verdad; creo que es bastante poderosa en su simplicidad, pero cambia todo su comportamiento y actitud. Todo lo que hago con esta estrategia es darles la esperanza de que pueden afectar el resultado de su vida.

Al igual que algunos retos no han cambiado, han surgido otros nuevos, y el Sr. Durman comentó que los adultos jóvenes que crecen en este mundo digital en el que ahora vivimos, están viviendo en un mundo falso que para ellos se siente real. Y lo que se pierde en términos de sabiduría y conexión con el mundo fuera de la pantalla es enorme. Continuó dando un par de ejemplos.

Los jóvenes ven su experiencia en la humanidad a través de los ojos del desempeño de una manera que nunca antes lo habían hecho. Y en mi opinión, empezó a aumentar cuando las redes sociales entraron en acción. De hecho, mi esposa y yo estábamos en Hawai el año pasado, y salimos a una noche romántica. Estábamos en un balcón viendo el mar. En el balcón de abajo de nosotros estaba esta mamá y cuatro chicas preadolescentes que, durante cuarenta y cinco minutos, no hicieron nada por disfrutar de su entorno. Lo usaron como fondo para sus fotos. Se tomaban fotos la una a la otra y luego se apresuraban a mirar la pantalla. Después las veías publicándolas en las redes sociales o haciéndose selfies. Y se perdieron de disfrutar la belleza de donde estaban paradas por estar tan enfocadas en '¿cómo me van a ver los demás?' Su mundo se convierte en ver cómo puede ayudarles a su desempeño y cómo los perciben las personas, en vez de que la vida sea una cosa maravillosa de echarle ganas y disfrutar.

Todos sabemos de las adicciones, sabemos de la ansiedad. En los adolescentes está a niveles más altos que nunca. Hay más suicidios. En mi escuela, si un niño se burlaba de mí, cuando volvía a casa ya no pensaba en él hasta al día siguiente que regresaba a la escuela. Bueno, con las redes sociales, no es así. Ahora son las veinticuatro horas del día y aumenta la cantidad de estrés bajo el que están los chicos.

Hace unos años, una escuela me pidió que los visitara porque no sabían cómo manejar lo que estaba pasando con sus alumnos y las redes sociales. Uno de los casos era sobre cuatro chicas. Si las vieras, nunca pensarías que eran *bullies*. Estas cuatro chicas identificaron a una quinta que no les caía bien. Así que tomaban videos de esta chica y se burlaban de ella, de su pelo, de su nariz. Eran ataques personales reales, y luego los publicaban en las redes sociales. Supe que no era su objetivo final. Su objetivo era provocar una confrontación para iniciar una pelea de chicas; una pelea a golpes que las otras tres grabarían para publicar en las redes sociales. Es toda esta manera perversa y retorcida de ver el mundo.

El Sr. Durman afirmó algo que realmente resonó: "El amor no es digital". Nuestras tecnologías avanzadas tienen muchas ventajas como mantenernos conectados a larga distancia o a través de barreras físicas como las impuestas por el "distanciamiento social" y los confinamientos obligatorios que ocurrieron en todo el mundo durante la pandemia de COVID-19.

Los adultos jóvenes piensan que pueden establecer una relación digitalmente a través de mensajes de texto, pero no se puede. Es necesario ver las expresiones faciales, las reacciones... Los adultos jóvenes se sienten solos porque ésta no es una conexión humana real.

Los teléfonos inteligentes tienen un gran propósito. Soy un amante de los coches y me encantan las herramientas, y mi iPhone es la mejor herramienta que he tenido. Pero me gusta sentarme y no ver mi teléfono, mientras que tengo muchos amigos y compañeros de mi edad que, en cuanto hay un comercial o están esperando al mesero, revisan inmediatamente sus teléfonos. Quiero disfrutar de la vida. Quiero vivirla como venga. Mi experiencia de vivir en Hawái realmente me ha enseñado sobre eso. Y creo que las pantallas realmente se interponen en el camino. Estoy realizando una serie de videos para que los padres vean con sus jóvenes adolescentes llamada *"Love is Not"* (Esto no es amor). Y es una lista de cosas que nuestra cultura piensa que es el amor, pero no lo es.

Un interesante estudio confirmó que es difícil evaluar el impacto que tienen las redes sociales de una persona en ella, sin administrar un gran número de encuestas. Sin embargo, las redes sociales en línea con recopilación de datos integrada solucionan este problema.[53] El mismo estudio también encontró que las percepciones de las personas sobre las normas sociales son una manera certera de pronosticar comportamientos saludables y riesgosos. Si tuviéramos que pedir a las plataformas de redes sociales que encuentren una manera de utilizar los datos que recopilan de cada individuo para evaluar el impacto positivo o negativo en las redes sociales de cualquier individuo, podríamos interrumpir a los seres disruptivos. O mejor aún, un innovador inteligente podría diseñar un verdadero asistente digital personal (PDA, por sus siglas en inglés) para hacer esa tarea precisa para cada uno de nosotros; un PDA que nos ayude a salvaguardar nuestra atención limitada, tiempo y, lo que es más importante, nuestras relaciones, teniendo un impacto muy positivo en nuestra condición humana.

Veo las normas sociales y su percepción cambiando a velocidades vertiginosas. Las brechas dentro de las generaciones se siguen haciendo más grandes. Me resulta difícil como padre de Gen Z, y para mis padres que son amorosos y sabios les

---

53 Christopher J. Carpenter, Amaravadi S. Chandra, "A Big Data Approach to Assessing the Impact of Social Norms: Reporting One's Exercise to a Social Media Audience," *Communication Research* 46, no. 2 (Marzo de 2019): páginas 236-49.

resulta casi imposible mantenerse al día. Gen Z: No inventaste ser disruptivo. Ustedes son seres disruptivos como los adultos jóvenes antes que ustedes y eso está bien. Sin embargo, a diferencia de las generaciones anteriores, también están siendo afectados. Ustedes, las generaciones más que las anteriores, están siendo trastornados y arrollados por la tecnología. Y esto está contribuyendo al aumento del número de individuos desorientados entre tus compañeros y entre los *baby boomers*, Gen X y los *millennials*.

Preguntas para profundizar en el tema:

Gen Z: ¿Qué cambios de comportamiento mejorarán el curso de sus vidas y de las de sus familias?

Gen Z y los que no lo son: ¿De quién es la responsabilidad de cerrar las brechas generacionales?

¿Qué medidas puedes tomar para acortar la brecha generacional?

¿Qué cosa desearías que tus padres/abuelos supieran de ti? Si eres padre o madre, ¿qué desearías que tu hijo Gen Z supiera de ti?

6

ÉXITO VS UNA MENTALIDAD TRIUNFADORA

Tómate un momento para escribir algo con un bolígrafo o un lápiz en una hoja de papel. No en tu teléfono inteligente, tableta ni ningún otro dispositivo electrónico. Siente como el lápiz raya la superficie del papel...

"No habiéndome dado la vida,
no me privaré de ella,
mientras exija algo bueno de mí".

¿Qué opinas de esta frase escrita por Napoleón Bonaparte cuando estaba exiliado en la isla de Elba después de haber tenido una de las carreras militares y de administración pública más exitosas que conoce la cultura occidental?

Esta frase particular de Napoleón Bonaparte fue registrada por una sabia mente del siglo XVIII en sus Memorias de ultra-tumba de Francois de Chateaubriand.[54] También hay una cita atribuida a él que considero sigue siendo muy relevante: "Probablemente, la especie humana crecerá, pero es de temer que a costa de la disminución de lo humano; que algunas facultades eminentes del genio se pierdan; que la imaginación, la poesía, las artes mueran en los alveolos de una sociedad-colmena, en la que cada individuo será una abeja, una rueda en la máquina, un átomo en la materia organizada".

Angélica Mosqueda, una adulta joven y sabia que es parte de un programa de reincorporación, el Centro de Oportunidades para Jóvenes NXT Level en San Antonio, fue menospreciada cuando era niña. Se enfrentó a desafíos en su entorno familiar, tiene una lesión en la pierna que le impide hacer muchas cosas que le gustaría, luchó contra la depresión y, a pesar de tener noches en las que "simplemente no puede funcionar", se graduó recientemente de preparatoria. Le encanta leer, particularmente novelas de misterio. Planea continuar su educación en el campo de la criminología y la justicia, por lo que está en una posición única para ayudarnos a resolver los misterios que enfrentan tanto los adultos como los adultos jóvenes.

Le pregunté a la señorita Mosqueda cómo fue que adquirió el gusto por la lectura. Su mente se transportó hacia cuando era niña y su voz energética se intensificó: "Apenas comenzaba pre kinder y mientras iba en el coche con mi mamá y

---

54 Francois De Chateaubriand, *Memoirs from Beyond the Grave* (1849-1850).

mi prima, jugábamos a un jueguito donde me hacían leer los letreros de las tiendas por las que pasábamos. Cuando pasé a tercer grado, fue más o menos cuando comenzamos las pruebas estandarizadas y honestamente me fue horrible en matemáticas. Pero cuando fue el de lectura, recuerdo que eran cincuenta preguntas en esa prueba, y sólo fallé una de las cincuenta. Tuve cuarenta y nueve buenas de cincuenta. ¡Hasta la fecha recuerdo esa calificación! A partir de entonces, la lectura se me dio naturalmente. Siempre sacaba buenas calificaciones en el *Scholastic Reading Inventory* (Diagnóstico de Lectura) y siempre estaba por encima de mi grado escolar cuando se trataba de evaluaciones de lectura. Cuando llegué a secundaria ya estaba leyendo a nivel universitario".

Siguió contándome lo apegada que era a su madre cuando era niña y cómo en algún momento, después de sus últimos años en primaria, dejaron de comunicarse tan bien como deberían y se fueron distanciando. Sus padres se separaron por esa época, y ella se quedó con su madre. Éste fue un evento traumático para ella ya que no entendía lo que estaba pasando y la brecha de la comunicación con su madre se hizo más grande. Su madre se enfermó y luego falleció menos de un mes después de su decimosexto cumpleaños: "Recuerdo la noche antes de que muriera. Yo lloraba porque estaba muy asustada, incluso recé pidiendo: 'Dios mío, no me la quites. No estoy lista para decirle adiós'. Al día siguiente fue como si la realidad me hubiera pateado en el estómago, sentí como si me hubieran quitado algo que no debían. Pensé que podría darle vuelta a la página después del funeral, pero fue peor. No podía funcionar. No podía dormir. No quería comer. Apenas hablaba con mis amigos y cuando estaba sola era cuando realmente me venía abajo. El primer día que regresé a la escuela después del funeral de mi madre, me solté a llorar. Llamaron a mi padre para que viniera a buscarme. Me decaí por completo. No podía funcionar más. Me sentía como un fantasma, como si fuera un caparazón. Sólo que tenía que aprender a lidiar con eso porque no quería que la gente se preocupara por mí. No quería que nadie se preocupara. Lo que me ayudó mucho es que tenía muchos amigos que estuvieron ahí para mí cuando los necesitaba. Sentí que no estaba sola y eso me ayudó mucho".

Su último enunciado trajo mi mente de vuelta a la parte de aislamiento de la tormenta perfecta que describí. Le pregunté a la señorita Mosqueda su opinión sobre los adultos jóvenes que tienen acceso a una red de recursos, incluso si no es evidente para ellos, pero no la aprovechan. Ella respondió: "No dependas solo de ti. No es fácil cuando estás tú solo. Necesitas a esa persona, a ese miembro de la familia, un maestro, un consejero, incluso una pareja dependiendo de tu edad. Necesitas a alguien que pueda decir: 'Esto es lo que podemos hacer para ayudarte'. No pierdas la oportunidad porque nunca sabes cuándo te la pueden arrebatar. Y creo que la gente en general, los chicos de esta generación, dependen demasiado de la tecnología. Me da tristeza. Cuando estaba en la preparatoria, teníamos una biblioteca y no mucha gente iba. Dependían demasiado de las iPads que nos dieron. Pero, ¿qué pasa si esa tecnología falla? ¿De qué otra manera obtendrías tus recursos, tus libros?".

Respiró profundamente y cambió el enfoque: "No dejes que tus amigos o tu familia sufran solos. Hazles saber que estás ahí. Pregúntales, 'si necesitabas ayuda, ¿por qué no me lo dijiste?' Si ves a alguien que tiene problemas, luchando por lo que sea, asegúrate de estar ahí. Sé esa persona en la que puedan apoyarse. Hazles saber que no están solos. Consuélalos, porque ya he pasado también por ahí y con todo lo que me estaba sucediendo en ese momento, no fui lo suficientemente fuerte para no quebrarme. Fue difícil para mí superarlo, incluso con terapias y aún después de participar en el programa de NXT Level. Al principio estaba indecisa porque tenía miedo, pero tuve un amigo que supo cómo acercarse y me dijo: 'necesitas esto', así que me hizo integrarme al programa. Siempre me consolaba. El consuelo es una de las cosas más bellas que hay porque le permite a la persona saber que no está sola. Es de lo más conmovedor que he visto cuando los amigos están allí para otras personas que están pasando por momentos difíciles. Si ves a alguien que tiene problemas, acércate y pregúntale."

Estoy seguro de que disfrutarás leyendo las siguientes historias de personas con mentalidad triunfadora; obtendrás una mejor comprensión de lo que el éxito significa para TI de una manera que propicie sentirte valorado y protegido como parte de un grupo cercano o que quieres que lo sea; incluso si cometes un error realmente grave.

Ana-María Ramos es una representante estatal para el gran estado de Texas. Creció en la parte sur de Dallas, Texas, en una sencilla familia de clase trabajadora de inmigrantes mexicanos que no tenían educación superior. Era la hija de en medio, de siete años, y nadie en la familia de la Sra. Ramos se había graduado de la universidad cuando ella desertó de la preparatoria. No sabía lo que significaba la educación superior porque no era algo de lo que se hablaba realmente en su entorno. Cuando dejó la preparatoria fue algo normal y natural para ella. Pero unos cuantos años después, la Sra. Ramos no sólo obtuvo su diploma de equivalencia a preparatoria aún después de convertirse en una madre adolescente, sino que también obtuvo un diplomado de la universidad Eastfield Community College y más tarde se graduó de la Universidad de Texas en Arlington. Obtuvo un MBA de Texas Woman's University (Universidad de mujeres de Texas) y culminó su educación con una licenciatura en leyes de SMU. ¡Qué cambio de rumbo tan increíble!

Le pregunté a la Sra. Ramos si había algo que hubiera detonado un cambio en su modo de pensar. Su sonrisa radiante ya no tan visible, respondió que había sido su hija. Su marido y ella apenas si subsistían cuando nació su bebé. Ella comentó: "Desafortunadamente, y digo desafortunado porque tuvimos que tocar fondo. Realmente lo hicimos. Cuento la historia de que conocí la pobreza. Sufrí la pobreza, incluso peor que cuando crecí. Porque ahora yo era la responsable y no quería que mi hija sufriera lo que yo había sufrido. No quería que estuviera en el hospital Parkland con otras ocho mujeres en una habitación. No quería que fuera mamá a los quince años en el sur de Dallas como yo. No quería que tuviera que tomar el autobús como lo hice yo sólo para recibir atención prenatal básica y ser tratada de menos. No quería que estuviera haciendo cola para obtener los cupones de comida, que es lo que yo hacía. Así que supe que tenía que hacer algo diferente". Con su sonrisa radiante de vuelta, añadió que su abuelo también había sido un factor importante cuando le había mostrado su diploma de equivalencia a preparatoria. Sus abuelos emigraron de México en la década de 1950 y no hablaban inglés. En aquel entonces no podía haber hecho el examen en español. Viendo lo que su abuelo había logrado le hizo darse cuenta de que, si él lo había hecho, entonces ella también podía hacerlo. Fue el momento en que decidió ponerse las pilas y cuando se dio cuenta de que las cosas iban a mejorar. Podría tener mayores oportunidades si seguía adelante.

Recordó la "propaganda" sobre educación que había visto en la televisión y a los anglosajones convirtiéndose en médicos y tal, así que le dijo a su abuelita: "¡Quiero regresar a la escuela para continuar mi educación!".

Su abuelita, que tuvo nueve hijos, respondió: "Mija, ya tienes un bebé y tu cuerpo ahora requiere que sigas teniendo bebés por el resto de tu vida". La Sra. Ramos me dice que su abuela era una persona hermosa y entendió que su respuesta se basaba en su cultura. Su abuelita se convirtió en una figura clave que la apoyó plenamente para que consiguiera cursar su educación superior, así como en todos sus emprendimientos futuros hasta que falleció.

Ella relata, con brillo en sus ojos, cómo su familia le enseñó a trabajar duro, a ser ingeniosa y creativa. Me dijo, "Cuando eres chica, siempre te las ingenias cuando tu aire acondicionado no funciona. Cuando no tienes aire acondicionado central y hace demasiado calor afuera, entonces pones una silla junto a la unidad, o saltas en la ducha por dos segundos, te mojas y corres mojada por el vecindario. Y así es como te refrescas".

Le encanta bailar cumbias y escribir un diario le ha ayudado mucho. Ella definitivamente considera la escritura como una forma de obra de arte. Así es como puede ser creativa y expresar sus sentimientos y emociones. Pasó por momentos muy difíciles cuando dejó la escuela y escribir fue un escape para ella. El diario le ha permitido regresar en el tiempo y realizar un seguimiento de su crecimiento y progreso hacia sus metas y lo utiliza hasta el día de hoy.

Actualmente, como representante estatal, continúa enseñando clases sobre el funcionamiento del gobierno en *El Centro Community College* ya que se volvió una apasionada de la educación y es una firme creyente que debe preparar a los adultos jóvenes para que se hagan cargo del trabajo que ella está haciendo. El compromiso cívico y la constitución son temas que ella enseña a sus estudiantes, en su mayoría niños afroamericanos y morenos, y durante años han hablado sobre las canciones de protesta. Ella imparte un curso que es el más increíble donde se conecta con sus estudiantes a través de la música y les enseña que la Primera Enmienda es sobre la libertad de expresión. También enseña cómo la música no es sólo una forma de arte, sino que también es una forma de compromiso cívico y de ejercer sus derechos de la Primera Enmienda.

Pone la canción de "Born in the USA" (Nacido en Los Estados Unidos) de Bruce Springsteen, y revisan la letra de cómo es una canción de protesta contra la guerra en Vietnam. Luego pasan a la canción de "Banned in the USA" (Censurado en los Estados Unidos) de *The 2 Live Crew*. Ella motiva a que sus estudiantes también le traigan sus canciones de protesta favoritas y que expresen lo que les dice y cómo protestan a través de éstas. Ha escuchado música de África, Indonesia e incluso hip hop de Vietnam. Recuerda que una vez una estudiante le preguntó si la canción podía ser en español.

La Sra. Ramos respondió: "Por supuesto", y después de que la estudiante comentó su tarea con sus abuelitos, le sugirieron que trajera la canción "Somos Más Americanos" de la banda mexicano-estadounidense Los Tigres del Norte. Sus estudiantes afroamericanos se sorprendieron en este curso al descubrir que Texas y California alguna vez fueron parte de México.

La Sra. Ramos me dice: "Poder conectar la Constitución y la libertad de expresión con la música para los de dieciocho y diecinueve años es súper poderoso. Es tan edificante porque nuestros jóvenes son impresionantes: están observando, te escuchan, ven si eres falso o no, y tienen mucho que decir". Recuerda haber tenido cosas que decir y que nadie le preguntara. No la escucharon cuando era estudiante y sabe que sus estudiantes quieren y merecen ser escuchados. Sus estudiantes tienen muchas barreras en sus vidas como ella las tuvo, y sabe que siempre hay una pequeña grieta en esas barreras. Está convencida de que es nuestra labor como adultos emplear formas creativas para encontrar esas grietas, meterse por ahí y escucharlos. "Siempre te van a decir alguna cosita que te permitirá hacerles más preguntas. ¡Y las joyas que encuentras son sorprendentes!"

Ahora una historia en México. Arturo Vélez es un profesional que intersecta la creatividad con la tecnología. Su trabajo le ha permitido interactuar con la mayoría de los países de América Latina. También se ha conectado con varios países asiáticos cuando vivió en China por un par de años en una asignación internacional. Dejó la preparatoria un año antes de graduarse ya que enfrentó la tormenta perfecta. Estaba frustrado con la burocracia de cómo se manejaban los créditos en su escuela. También recuerda que "no sabía lo que quería ser cuando fuera grande. Tenía tantos intereses. Un día quería seguir los pasos de mi padre como médico, al siguiente quería seguir una carrera en finanzas sólo para cambiar de opinión al día siguiente. Recuerdo vívidamente haberme reunido con el consejero vocacional y sentirme aún más confundido. Seguía presentándome alternativas cuando todo lo que quería era que me ayudara a tomar una decisión". Mientras tanto, su trabajo como programador adolescente de software estaba empezando a despegar. No ha vuelto la vista atrás desde entonces.

Nació y creció en la Ciudad de México, hijo de un médico y una madre joven que obtuvo su certificado de preparatoria una vez que él y su hermana menor ya no le demandaban toda su atención. Tuvo acceso a la tecnología cuando tenía siete u ocho años gracias a que la familia le regaló a su padre una de las primeras computadoras personales (PC) disponibles en el mercado mexicano. Se combinó su fascinación por la PC con el interés en aprender que vio en su madre al estudiar para conseguir su diploma equivalente a preparatoria en los Estados Unidos.

Está claro de dónde provienen las habilidades técnicas del Sr. Vélez. Menos claros eran los orígenes de su creatividad. Le pregunté específicamente al respecto y respondió: "Mi amor por el fútbol se vio eclipsado por la diversión que había descubierto por mi cuenta sobre cómo funcionaba el Atari PC. Seguía un libro de programación de lenguaje BASIC para niños, copiando instrucciones en la computadora, y me maravillé con el fruto de mi trabajo al ver inmediatamente los resultados en un monitor de rayos catódicos (CRT, por sus siglas en inglés).

Cuando regresaba a casa de la escuela, disfrutaba jugar con la PC y mi imaginación. Además, mi padre era un carpintero aficionado y pasábamos mucho tiempo trabajando con la madera para fabricar los muebles de nuestra casa. También recuerdo cómo mi hermana menor hacía alebrijes (figuras parecidas a animales que están talladas y pintadas)".

"Al principio de mi vida profesional tuve la suerte de integrarme a un pequeño equipo en una empresa en la industria emergente de multimedia y desarrollo web. Pude colaborar con creativos que eran casi una década mayores que yo y eran súper inteligentes. Por cierto, ninguno de ellos tenía títulos universitarios. Además de ayudarles con la creación de animaciones de video, hicimos cosas muy chidas como interactuar con grandes agencias de publicidad o crear máscaras de texto para los programas de televisión de Telehit; el equivalente mexicano de Music Television (MTV) en los Estados Unidos. Gracias a los lazos que formé con ellos finalmente me jalaron a un equipo que se convirtió actualmente en el estudio de innovación digital líder en América Latina: Naranya. Esas relaciones me llevaron a hacer una carrera de dieciséis años ahí. A veces echo de menos la gran cultura corporativa. A los que no echo de menos son a mis ex compañeros de trabajo ya que como realmente nos convertimos en una familia, todavía nos seguimos viendo".

Continuó relatando cómo su conocimiento de la tecnología y la creatividad activó su espíritu emprendedor: "Cuando comencé la preparatoria, empecé a trabajar como *freelance* ayudando a otros con presentaciones de PowerPoint y enseñándoles Microsoft Office. También pegué volantes en el vecindario para reparar computadoras. Mi mamá se dio cuenta de mis negocitos y comenzó a presentarme a amigos suyos que trabajaban en empresas. Querían subcontratar la preparación de las presentaciones de PowerPoint. Yo utilizaba mis aptitudes creativas para mejorar las combinaciones de colores y preparar animaciones aprovechando las funciones menos conocidas del software que eran relativamente nuevas en ese entonces".

El Sr. Vélez, a lo largo de su carrera, ha visto fracasar y tener éxito a un número infinito de personas y modelos de negocio. Su consejo es "Aprende sobre la concientización y la inteligencia emocional. Fortalece tu flexibilidad mental. Aprende a jugar con diferentes pensamientos y abre tu mente a ideas y puntos de vista de otros. Aprende a meditar y practícalo regularmente. A veces somos nuestro peor enemigo cuando comenzamos a dudar de nosotros mismos, o nos quedamos atorados con pensamientos improductivos. Como seres humanos podemos elegir controlar y dominar nuestra mente y con ella, nuestro propio éxito".

¿Alguien te ha dicho que no lo vas a lograr? ¿Que nunca tendrás éxito? ¿Que estás destinado a ser un fracasado? Algunas personas lo escuchan más que otras. Algunas personas lo dicen más que otras. Me parece que el éxito es una gran palabra que está mal definida, y lo mismo ocurre con la palabra fracaso. ¿Están vinculados? ¿No tener éxito es lo mismo que el fracaso? Los orígenes de las mismas palabras en inglés y español son diferentes y formaron parte de cada idioma en diferentes momentos hace cientos de años atrás.

El éxito ha evolucionado con el tiempo. Para nuestros antepasados más antiguos el éxito consistía simplemente en no ser devorado.

"Apreciar la belleza; encontrar lo mejor en los demás; dejar el mundo un poco mejor, ya sea con un niño saludable, una huerta o una condición social redimida; saber que por lo menos una vida ha respirado mejor porque has vivido. Esto es tener éxito".[55]

RALPH WALDO EMERSON

Espero que hayas adquirido una mejor comprensión de lo que el éxito significa para TI de una manera que propicie que te sientas valorado y protegido como parte de un grupo que es cercano o que quieres que lo sea; sin importar cuántos errores (no importa lo graves) hayas cometido. Este no es un capítulo o libro de autoayuda. Hay personas, programas comunitarios e instituciones para brindarte el apoyo que TÚ necesitas. ¡Tan sólo debes quererlo, y acercarte a ellos!

Preguntas para profundizar en el tema:

¿Qué tal si sacas de nuevo un pedazo de papel y un lápiz, y escribes lo que el éxito significa para ti?

¿Tienes alguna costumbre que te ayude a ser consciente, como un diario o una meditación?

Si te entrevistaran, ¿qué lecciones de vida compartirías?

---

55 La cita sobre el éxito atribuida a Ralph Waldo Emerson que vivió en el siglo XIX podría haber sido una cita original de Bessie Anderson Stanley.

7

CAMINOS ALTERNATIVOS A LA UNIVERSIDAD

———

Por favor anota algunas preguntas ....
Aún mejor si las publicas en www.atriskofgreatness.org

Ahora voy a hacerte una pregunta: ¿Qué pasa si combinas las siguientes afirmaciones?

"Una de las cosas más importantes que logra el cuestionarse es permitir que la gente piense y actúe frente a la incertidumbre".

con

"No puedes controlar todo lo que te pasa, pero puedes controlar el nivel de esfuerzo que pones en las cosas".

Todos hemos escuchado que el tiempo es el gran ecualizador de la vida porque cada uno tenemos veinticuatro horas en un día. Ni más, ni menos; independientemente de tu condición socioeconómica, raza, religión, orientación sexual, ubicación geográfica o nivel educativo. Y estoy de acuerdo. La diferencia radica en lo que cada uno de nosotros elige hacer con nuestro propio tiempo. Al igual que otros activos, el tiempo se puede invertir, desperdiciar o robar. A diferencia de otros recursos, el tiempo no es renovable; quiere decir que una vez que se fue, entonces se fue para siempre. No podemos retroceder el tiempo.

Cualquier tiempo que le dedicamos a la educación es definitivamente una inversión que tiene un rendimiento. El rendimiento varía mucho dependiendo de una multitud de factores, no muy diferente de las inversiones en bienes raíces, por ejemplo. La mayoría de nosotros creemos que a menos que tengamos una habilidad extraordinaria en deportes, artes o en emprendimiento, invertir tiempo, energía y dinero en avanzar en nuestra educación, y en la de nuestros hijos, producirá los mejores rendimientos; particularmente cuando se avanza hasta obtener un título universitario o aún mejor un posgrado. Ahora pienso diferente y estoy completamente en contra de la idea de que una educación universitaria separa a los "ganadores" de los "perdedores".

En este siglo XXI, los avances en tecnología, automatización e inteligencia artificial están dejando muy claro que cualquier tarea repetitiva está destinada a desaparecer, y rápidamente. Algunos expertos estiman que hasta el 85 por ciento de los puestos de trabajo que existirán en 2030 aún no se han inventado.[56] Y para prosperar, las personas tendrán que realizar con éxito tareas no rutinarias que requieren inteligencia social, pensamiento crítico complejo y resolución creativa de problemas; todos factores clave de éxito cuando se compite contra las máquinas.

La otra cara de la moneda, de estos mismos avances tecnológicos, es que se han reducido significativamente las barreras de acceso al conocimiento; conocimientos que en el pasado sólo eran accesibles a través de una educación universitaria. Y el cambio en el campo de la educación y su desconexión con las estructuras de empleo dan lugar a una economía del conocimiento donde ha surgido otro ecualizador: ¡la curiosidad intelectual! La importancia de hacer las preguntas correctas ha aumentado y sólo lo seguirá haciendo.

Ian Leslie, autora de *Curious: The Desire to Know and Why Your Future Depends on it* (Curioso: el deseo de saber y porqué tu futuro depende de ello) comentó en su conferencia titulada "Por qué debemos seguir aprendiendo y ser curiosos": "Estamos programados para ser curiosos. Nacemos con un instinto muy poderoso que hay cosas que no conocemos. Y también nacemos con ese instinto de que otras personas son fuentes de conocimiento. Los niños pequeños son como reporteros de investigación sacando conocimiento de esas fuentes. El investigador Michel Yunard grabó las conversaciones que las familias tienen en casa y descubrió que, entre las edades de tres y cinco años, los niños hacían cuarenta mil preguntas en promedio. Las preguntas que hacían eran

---

56 Daniel Tencer, "85% Of Jobs That Will Exist In 2030 Haven't Been Invented Yet: Dell," *Huffington Post, 14 de julio de 2017.*

específicamente explicativas: Cómo y por qué. La razón evolutiva de esto es que somos animales culturales. La forma en que sobrevivimos es al formar parte de un entorno cultural. Nos damos cuenta de que tenemos que aprender si vamos a sobrevivir. Tenemos que aprender mucho, así que hacemos muchas preguntas".[57]

La curiosidad y las preguntas van de la mano. Sin embargo, es importante que las preguntas que hacemos sean las correctas.

Leslie continúa diciendo: "La curiosidad ingenua es el deseo por lo nuevo y novedoso, es lo que te hace hacer clic en el enlace que atrae tu atención. Es importante porque nos lleva hacia nuevas direcciones. Por sí misma puede llegar a ser bastante superficial e inútil. La curiosidad epistémica es lo que sucede cuando crece la curiosidad ingenua. Cuando combinamos la curiosidad ingenua con el esfuerzo, la autodisciplina y el enfoque, se vuelve más profunda y más duradera. Es la búsqueda de por vida por conocer, por aprender. El deseo no sólo de encontrar respuestas, sino de explorar nuevas preguntas".[58]

En aras de explorar nuevas preguntas, el documento de *Opportunity Pathways Background Paper* (Perfil de caminos hacia oportunidades) de Strada Education Network, un marco de partida para reimaginar las vías entre la educación y el empleo, indica: "Los legisladores, filántropos y profesionales siguen tratando de transformar el desempeño

---

57 RSA *(Royal Society for the encouragement of Arts, Manufactures and Commerce)*, "Ian Leslie on Why We Must Continue to Learn and be Curious," 18 de junio de 2014, video, 19:7.
58 *Ibid*

estadounidense en métricas que todos estamos de acuerdo que son importantes: cerrar la brecha de logros, mejorar la preparación universitaria, ampliar el acceso a la universidad y fomentar que se gradúen. Y esas medidas sí importan. Pero cada vez más, los que están profundamente involucrados en la labor de la reforma educativa están empezando a preguntarse si estamos resolviendo puntos débiles particulares en un sistema desarticulado, en lugar de centrar los esfuerzos en el objetivo final: crear caminos para la movilidad económica y la estabilidad de vida para los individuos estadounidenses." [59]

Colaboré brevemente junto con Amy Dunham en el consejo de una organización líder de mentoría de adultos con sede en Indianápolis llamada Trusted Mentors. Hablé con la Sra. Dunham en febrero de 2020, que en ese momento era la Vicepresidenta Senior de Marketing y Comunicaciones en Strada Education Network. En un momento de nuestra conversación ella afirmó: "Hemos entrevistado a 350,000 estadounidenses sobre su experiencia en educación superior y una de las cosas que les hemos preguntado es qué habrían cambiado sobre lo que estudiaron y lo que hicieron. En el aspecto de orientación sobre su experiencia, que es clave en su percepción sobre el valor de su educación, una de las cosas con las que nos topamos fue: El consejo que más les interesa escuchar es el de los empleadores, sobre qué deberían hacer para ser más atractivos en la fuerza laboral, pero es el consejo al que tienen menos acceso. Si el sistema estuviera más enfocado en el consumidor, habría muchos caminos entre la educación y la contratación. Yo lo veo más como un mapa de senderos de

---

[59] "Opportunity Pathways Background Paper," Strada Education Network, consultado el 15 de octubre de 2020.

una montaña: se puede llegar de un punto a otro de muchas maneras distintas. Deben existir más opciones para que la gente obtenga la educación y capacitación que necesita para construir una carrera que valga la pena, ya que el sistema actual deja a demasiados estadounidenses rezagados".

El sistema está cambiando y en la última década ha habido un gran impulso para la educación STEM a todos los niveles como una manera de satisfacer las demandas actuales y futuras de nuestra economía del conocimiento. En muchos casos, se combina con el aprendizaje social y emocional (SEL, por sus siglas en inglés). Me gusta la idea de la señora Dunham de un mapa de senderos de una montaña e intenté explicarlo a grandes rasgos en las siguientes páginas.

La intención no es crear un análisis de mercado de todos los programas en América del Norte u otros, es aportar información para que TÚ generes las preguntas. Cada programa listado presenta un camino válido con ventajas y prepara a los adultos jóvenes para que sean productivos para un trabajo, y en algunos casos, una carrera. Como es normal, siempre hay pros y contras. Los agrupé en cuatro categorías generales:

- Programas de capacitación técnica o formación para el trabajo mientras se estudia la preparatoria, como el Gilbreath-Reed Career and Technical Center en Garland, Texas. En México, los Institutos de Capacitación para el Trabajo (ICAT) en diferentes Estados, coordinados como entidades descentralizadas por una organización que forma parte de la Secretaría de Educación.
- Capacitación tecnológica de corta duración como General Assembly, Kenzie Academy, Flatiron School, Holberton

School y Hack Reactor en los Estados Unidos. Techbridge en México.
- Corporaciones que capacitan a adultos jóvenes como CloudFactory o Samasource que trascienden las fronteras nacionales.
- Programas dirigidos directamente a reincorporar a adultos jóvenes como NXT Level y Restore Education en San Antonio. En México, el programa y plataforma a nivel nacional "Jóvenes Construyendo el Futuro".

El siguiente capítulo explora a detalle la intersección de las artes y la tecnología como una alternativa empoderadora y para concluir esta sección, aquí está la historia de D que es como acepté llamarlo, ya que quería preservar su anonimato.

D compartió conmigo que se volvió muy rebelde e incluso irresponsable cuando era preadolescente. Cuando llegó a la adolescencia, no le fue mucho mejor ya que continuó desafiando a la autoridad, maldiciendo a los maestros, comenzó a fumar marihuana, y su rendimiento en la escuela disminuyó hasta el punto que tuvo que dejarla durante su segundo año de preparatoria; un caso "típico" de un joven nini. Era un usuario frecuente de las aplicaciones de redes sociales como Instagram, Snapchat y Facebook, que utiliza para entretenerse. Me dice que también usa LinkedIn. "¿LinkedIn?" le pregunto, pensando que no había escuchado bien. Me explicó que su uso de la aplicación más "profesional" se debía a su experiencia laboral. Trabaja como cajero. Ganar mucho dinero es emocionante para él y cree que la conexión con los demás y el *networking* es necesario para lograr su objetivo.

Su trabajo como cajero, que comenzó casi sin capacitación, con frecuencia lo expuso a clientes toscos. Tenía las emociones a flor de piel y los clientes se daban cuenta por su mirada y tono de voz. No era fácil para él controlar su enojo y a veces tenía que tomar un descanso e ir al baño para respirar y calmarse como le aconsejaban sus compañeros de trabajo que lo alentaban a no suprimir sus emociones, pero sí a equilibrarlas para mantener una sonrisa ante los clientes. Atribuye a ese esfuerzo difícil y consciente de practicar el manejo de la ira, el que haya podido aprender a controlar su enojo y a madurar con el tiempo.

Le pregunto a D si tiene algún modelo a seguir y puedo escuchar su emoción al otro extremo de la línea telefónica cuando muy rápido y sin dudarlo, me responde: "Mi papá. No vivimos juntos porque, por su trabajo, con frecuencia tiene que mudarse de ciudad dentro de los Estados Unidos y México, donde tenemos familia. Mi hermano y yo solíamos viajar en el verano o durante las vacaciones para visitarlo. Nos gustaba particularmente ir a museos con él, lo cual coincide con mi interés en la historia. De hecho, a finales del año pasado fuimos por primera vez a un ballet; El Cascanueces. ¡Me gustó mucho!"

La historia de D muestra cómo los adultos jóvenes necesitan más interacción física de calidad con amigos y familiares. Crear confianza es fundamental para una comunicación bidireccional eficaz, y como lo ilustra la historia de D, la calidad supera a la cantidad cuando se trata de pasar más tiempo "juntos".

D atribuye su participación en el programa de reincorporación del NXT Level Youth Opportunity Center de San Antonio con haber estado cerca de obtener su diploma equivalente a preparatoria y continuar una educación universitaria. Se llevó una grata sorpresa con el equipo que lo administraba: "Son las únicas personas que he conocido que genuinamente se preocupan por la comunidad. No lo esperaba cuando llegué y me quedé gratamente sorprendido". Para terminar, me pide que comparta esto con adultos jóvenes en riesgo: "No importa por lo que has pasado, ¡puedes lograr tus metas! Siempre cree en ti mismo."

El Banco de la Reserva Federal de Dallas publicó un informe titulado *"Opportunity Youth in Texas"* (Jóvenes ni-nis en Texas) en octubre de 2019,[60] donde para recopilar datos cualitativos, se llevaron a cabo tres grupos focales con jóvenes ni-nis inscritos en un programa de reincorporación. A todos los grupos focales se les preguntó qué consejo darían a sus compañeros ni-nis que buscan reorientarse, y estas son sus respuestas:

"Di lo que piensas".
"No dejes que nada te detenga".
"Aprende de mis errores".
"Asegúrate que te escuchen y no nada más te oigan".
"No dudes más de ti".
"Admite tus errores".
"Sólo vives una vez; toma buenas decisiones".

---

60 Ana Crockett et al, "Opportunity Youth in Texas," *Federal Reserve Bank of Dallas*, Octubre de 2019.

"No seas codicioso, sigue adelante [termina la preparatoria en vez de trabajar]".

"Dale una oportunidad [al programa] y mantén la mente abierta".

"No te rindas".

"Trabaja duro".

"Sigue adelante".

"Lee mucho".

"No puedes controlar todo lo que te pasa, pero puedes controlar el nivel de esfuerzo que pones en las cosas".

"Mueve cielo y tierra para lograr lo que te propongas".

Me gusta la historia de D porque una vez que volvió a orientarse, decidió seguir una educación universitaria. Quiero dejar claro que no estoy aconsejando a nadie a que no busque obtener un título universitario. Para millones de adultos jóvenes, la universidad les brinda la educación que necesitan para el siglo XXI, incluso si no garantiza el éxito en la vida.

En México, "Menos de una cuarta parte de la población joven (de veinticinco a treinta y cuatro años de edad) han cursado educación superior, y dentro de este porcentaje limitado de graduados, los hechos muestran que sus habilidades no se utilizan eficazmente".[61] En los Estados Unidos, cada año más de 1.2 millones de estudiantes dejan la preparatoria[62] y el 56 por ciento de los estudiantes universitarios que comienzan

---

61 "Higher Education in Mexico: Labour Market Relevance and Outcomes," OECD, Consultado el 15 de octubre de 2020.
62 "11 Facts About High School Dropout Rates." DoSomething, Consultado el 10 de septiembre de 2020.

un plan de estudios universitario de cuatro años no se gradúan en el cuarto y terminan desertando en el sexto".[63]

- Si te encuentras en esta última categoría o simplemente te sientes desorientado, espero que este libro te inspire a reintegrarte.

El estigma del obrero u operario y la capacitación vocacional y educativa

Bryan Caplan, economista y autor, afirma: "Como sociedad, continuamos empujando a un número cada vez mayor de estudiantes a que cursen niveles de educación cada vez más altos. El efecto principal no son mejores empleos o un mayor nivel de conocimientos, sino una competencia por tener más títulos o diplomas".[64]

Tanto en Estados Unidos como en México, como consecuencia de múltiples factores sociales, económicos y políticos, la cultura ha sido la de aspirar a una educación universitaria y sólo cuando no es posible, encontrar un camino alternativo. Existe un estigma del obrero u operario donde las personas con un título universitario se les confiere un estatus más alto que los que no lo tienen. Y como prueba, los obreros u operarios que trascienden con éxito su "casta" y se colocan en un trabajo administrativo son reconocidos y elogiados.

---

63 "U.S. College Dropout Rate and Dropout Statistics." CollegeAtlas, Updated Jun 29, 2018. Consultado el 10 de septiembre de 2020.
64 Bryan Caplan, "The World Might Be Better Off Without College for Everyone," *The Atlantic*, Enero/Febrero 2018.

El sistema funcionó relativamente bien a mediados del siglo XX, pero luego comenzó a mostrar algunos signos importantes de degradación en sus bases hacia la última parte del mismo. Los avances de la automatización y la IA que ahora son evidentes en el siglo XXI han revelado aún una mayor degradación porque ahora nos enfrentamos a la posibilidad de que no haya suficientes puestos de trabajo, como los conocemos hoy en día, disponibles en un futuro no muy lejano. Yuval Noah Harari en su libro *21 Lessons for the 21st Century* (21 Lecciones para el siglo XXI) comenta "... a pesar de la aparición de muchos nuevos trabajos humanos, podríamos, sin embargo, presenciar el surgimiento de una nueva clase inútil. En realidad, podríamos obtener lo peor de ambos mundos, sufriendo simultáneamente de un alto desempleo y una escasez de mano de obra calificada. Mucha gente no podría correr la misma suerte que tuvieron los conductores de vagones del siglo XIX, que pasaron a conducir taxis, sino la de los cocheros del siglo XIX, que fueron siendo progresivamente expulsados del mercado laboral por completo".[65] Esto dio lugar al debate en torno a los pros y los contras de un concepto de ingresos universal.

Entrevisté a Esther Benjamin, quien ha estado trabajando en el desarrollo global, la educación internacional y el desarrollo juvenil por más de veinticinco años, y actualmente es la CEO y Directora Ejecutiva de *World Education Services* (WES). WES es una empresa social enfocada en la educación superior, acreditaciones y títulos a nivel mundial. Le pregunté si veía cambios en el modelo a futuro en términos de caminos

---

[65] Yuval Noah Harari, *21 Lessons for the 21st Century* (New York: Penguin Random House, 2018), página 30.

alternativos, y su respuesta fue rotunda: "Absolutamente. Ciertamente hay caminos alternativos a la universidad para el trabajo y el sustento. Si bien WES se enfoca principalmente en la educación superior, nuestro impacto social y los programas filantrópicos consideran a las personas en todos los niveles educativos, de aptitudes y de experiencia, para ayudar a las personas a encontrar oportunidades valiosas de empleo".

Continuando con sus comentarios, agregó: "Cada vez más, las habilidades para la vida diaria, son consideradas sustancialmente por los empleadores, para incluir habilidades organizacionales, resolución de problemas, pensamiento crítico y creativo, comunicación, espíritu de equipo y habilidades interpersonales". Cuando se le preguntó sobre su mentalidad triunfadora, señaló: "Luchar por el éxito es un esfuerzo individualista. Me concentro, en cambio, en una mentalidad de contribución, con el fin de esforzarme por hacer una diferencia en la sociedad". En cuanto a su consejo de liderazgo, mencionó un componente esencial: "Es muy importante ser intelectualmente curioso y hacer más preguntas para sobresalir en el lugar de trabajo, independientemente de dónde te ubiques dentro de la organización".

Un país donde el estigma del obrero u operario no existe es Alemania. "A diferencia de los Estados Unidos, Alemania cuenta con un sistema de formación profesional dual altamente eficaz que ha sido elogiado en todo el mundo. Mientras que los graduados universitarios en Alemania también ganan salarios mucho más altos que los trabajadores que han alcanzado menos educación, educación vocacional y capacitación (VET, por sus siglas en inglés), en Alemania es un camino muy común para adquirir habilidades y embarcarse en carreras exitosas: 47.2 por ciento, casi la mitad de la población alemana, tenía un título vocacional formal en 2016. Un total de 1.3 millones de estudiantes en Alemania se inscribieron en programas VET en 2017, en comparación con sólo 190,000 personas que se inscribieron para programas de formación para el trabajo en los EE.UU. en el mismo año. Menos del 5 por ciento de los jóvenes estadounidenses se capacitan actualmente como aprendices, y la mayoría de ellos están en el sector de la construcción."[66]

Ralf Hermann, jefe de la Oficina Alemana de Cooperación Internacional en Educación y Formación Vocacional (GOVET) ha comentado que "un sistema que ha crecido en Alemania en condiciones muy específicas no sólo puede ser exportado a otro país en condiciones muy diferentes."[67]

En noviembre de 2019 tuve un par de reuniones en la oficina de la Cámara Mexicano-Alemana de Comercio e Industria (CAMEXA) en Santa Fe en la Ciudad de México. Me enteré que México es el país fuera de Alemania donde el sistema de capacitación o educación vocacional alemán conocido como modelo de formación dual ha dado los mejores resultados. Ha habido una implementación exitosa no sólo del modelo alemán de educación dual, sino de un modelo educativo dual mexicano que adapta la esencia del modelo alemán a la realidad y necesidades de la fuerza laboral mexicana y las demandas laborales de la industria. De mis reuniones

---

66 Ajit Niranjan, "What is Germany's dual education system — and why do other countries want it?," *Deutsche Welle*, 6 de abril de 2018.
67 Ann-Cathrin Spees. "Could Germany's Vocational Education and Training System Be a Model for the U.S.?," *World Education News + Reviews*, 12 de junio de 2018.

aprendí que el modelo alemán ha sido limitado en alcance y duración para crear el modelo mexicano.

"En los últimos años, se han desarrollado una serie de nuevos sistemas de formación dual en varios estados [en los Estados Unidos], algunos de ellos culminados con éxito por empresas alemanas.

Un ejemplo de ello son los sistemas de formación dual que las empresas alemanas BMW, Siemens y Volkswagen importaron a Carolina del Norte, Carolina del Sur y Tennessee para compensar la falta de trabajadores calificados en esos estados. El programa Volkswagen se inició en el 2000, mientras que los programas de Siemens y BMW se establecieron a finales de la década del 2000 y principios de la década del 2010, respectivamente. Los becarios de estos programas reciben capacitación supervisada en plantas industriales, en donde aprenden habilidades en áreas como mecatrónica, ingeniería mecánica y eléctrica, o programas informáticos (software). Los becarios estudian de manera simultánea para obtener títulos técnicos en centros locales de estudios superiores que se han asociado con las empresas.

Las inversiones financieras de las empresas alemanas son considerables: por lo general pagan salarios y colegiaturas, o al menos ofrecen ayuda para la colegiatura. Los graduados generalmente continúan sus estudios en programas de licenciatura mientras trabajan en las empresas. Tan solo en Charlotte, Carolina del Sur, Siemens presuntamente gasta un total de 165,000 dólares por becario. (La Organización Internacional del Trabajo ofrece un resumen detallado de estos programas.) Los programas son apoyados por los gobiernos estatales con medidas como créditos fiscales para los patrocinadores de programas de formación para el trabajo; han tenido tanto éxito en fomentar el desarrollo de habilidades y estimulación económica que otros estados como Virginia, Maryland, Pensilvania, Massachusetts, Wisconsin y Ohio están explorando opciones para adoptar programas de formación para el trabajo similares."[68]

Emmanuel Winkler es un ciudadano del mundo y experto senior en formación profesional dual y sostenibilidad. En una conferencia organizada por el Instituto Educativo de Aguascalientes, un Estado del centro de México, representó a CAMEXA y GIZ. [69] En ésta destacó el papel que las corporaciones tienen en la educación de la fuente de talentos, que no puede ser simplemente delegada a las instituciones educativas. Las corporaciones obtienen un retorno positivo de la inversión al comparar la TVET dual con otros mecanismos de inducción y capacitación, porque se basa en una participación verdaderamente interactiva en un modelo educativo dual integral con todos los actores (empresas, cámaras de comercio, sindicatos, organismos de certificación, instituciones estatales y educativas, familias y aprendices o becarios). También destacó que el futuro del trabajo depende del capital humano conformado por personas en modo permanente de aprendizaje y pensadores críticos.

---

68 Ann-Cathrin Spees, "Could Germany's Vocational Education and Training System Be a Model for the U.S.?," *World Education News + Reviews*, 12 de junio de 2018.

69 Instituto de Educación de Aguascalientes, "Webinar ¿ Quo Vadis - Educatio ? - Educación Dual y Formación Profesional Continua - versus Formación clásica Universitaria," 31 de julio de 2020, video, 1:02:00.

El Sr. Winkler describió cómo el modelo educativo dual es la columna vertebral de la economía alemana, austriaca y suiza, donde los adultos jóvenes de entre catorce y dieciocho años, cuando su actitud comúnmente está en su punto máximo, se encuentran ocupados y motivados por el modelo, que contrasta fuertemente con los sistemas educativos tradicionales. En una de las múltiples conversaciones que tuve con él, enfatizó que "para asegurar el aprendizaje permanente, necesitamos nuevas formas de educación a todos los niveles, y sistemas integrales que permitan una educación escalonada".

Estamos viviendo un cambio hacia las prácticas de aprendizaje, capacitación y contratación basadas en las habilidades. Un artículo que publicó la *Society for Human Resource Management* (Sociedad para la administración de recursos humanos) en 2018[70] pide a los gerentes de contrataciones que lo piensen dos veces antes de exigir un título universitario. El Sr. Winkler plantea una muy buena pregunta: "En vista de los cambios a los que nos enfrentamos en este nuevo siglo, ¿cómo podemos desarrollar un modelo que combine la flexibilidad del modelo estadounidense con el europeo que ha demostrado las muchas ventajas de las certificaciones diseñadas y validadas por las corporaciones, los sindicatos y las instituciones educativas?"

Las tecnologías avanzadas abren muchas alternativas para aquellos con una mentalidad triunfadora y curiosidad epistémica. La limitación ya no es geográfica, y se están desarrollando nuevos caminos para comunidades similares

---

70 "How to Adopt Skills-based Hiring Practices," Society for Human Resource Management, consultado el 15 de octubre de 2020.

a las nuestras en todo el mundo. Cuando no todo es blanco o negro, correcto o incorrecto, como suele ser en la vida, siempre hay un término medio. Te invito a encontrar tu camino basándote en tu pasión y en tus fortalezas.

Por favor, anota algunas preguntas más. Te recomiendo que comiences varias de ellas con "¿Qué tal si...?" y "¿Qué más?»

Preguntas para profundizar en el tema

¿Qué empresas se te ocurre que podrían ofrecer un enfoque similar a las empresas de las que hablamos anteriormente, algo similar a un programa de formación para el trabajo?

¿Qué más se puede ofrecer a los estudiantes cuando se gradúan de la preparatoria para hacerles sentir que tienen opción de hacer una carrera, pero sin que sea la común?

¿Qué pasaría si tu empresa, o la empresa para la que trabajas, creara una opción de este tipo para los adultos jóvenes? ¿Cómo se vería?

8

LA INTERSECCIÓN DEL ARTE Y LA TECNOLOGÍA

¿Cómo representarías la intersección del arte y la tecnología?

Para mí, sería así.

Soy un ingeniero más que está convencido de que las áreas STEM son necesarias en este siglo XXI. Una vez volé junto a un ingeniero aeroespacial. Nos pusimos a conversar y en algún momento comenzamos a hablar sobre cómo el carbono era tan común tanto en materia orgánica como inorgánica. Una vez que llegamos a nuestro destino, nos despedimos deseándonos mutuamente un viaje seguro y productivo, y medio bromeando acordamos que, con el tiempo, en un futuro no muy lejano, el software podría llegar a ser más común que el carbono; software, datos, algoritmos, aprendizaje automático, inteligencia artificial. Todos ellos requieren un conocimiento significativo y dominio de las áreas STEM.

Sin embargo, las áreas STEM por sí solas no son suficientes cuando consideramos los desafíos a los que nos enfrentamos en este siglo XXI, y la mayor aceleración resultante de la pandemia de 2020. Leonardo Da Vinci, un individuo que ejemplifica al genio universal, se maravillaría de nuestra tecnología y más aún del acceso al arte que tenemos en la palma de nuestras manos. Si él hubiera nacido hoy, ¿habría elegido un área STEM o en el campo de las artes? Estoy seguro de que al igual que cuando nació, en 1452, en el período renacentista que le permitió utilizar su curiosidad insaciable y su brillante intelecto al máximo después de que la Peste Negra había devastado a Europa, no hubiera tenido que elegir. Se beneficiaría de una educación STEAM como se conoce hoy en día. Es decir, añadir una A a STEM (la letra A de Artes).

Estoy seguro porque veo un movimiento que se ha estado fraguando durante años. En 2011, Melody Barnes, entonces directora del Consejo de Política Doméstica de la Casa Blanca, escribió un artículo donde promocionaba el lanzamiento del informe "*Reinvesting in Arts Education: Winning America's Future Through Creative Schools*" (Reinvirtiendo en la educación artística: Conquistando el futuro de los Estados Unidos a través de escuelas creativas) y señaló claramente que "La educación es una de las inversiones más importantes de nuestra nación. Y una educación sin artes está incompleta. Eso significa que la educación artística no puede ser accesorio, una inversión que nuestras escuelas pueden hacer sólo después de haber resuelto todos los otros desafíos que enfrentan. Al contrario, debemos verla como una herramienta para mantener a los estudiantes más comprometidos, para cerrar las brechas de logros y reducir las tasas de deserción escolar."[71]

También en 2011, salió en el *Huffington Post* un artículo de John M. Eger titulado "*National Science Foundation Slowly Turning STEM to STEAM*" (Fundación Nacional de Ciencias, transformando lentamente a STEM en STEAM).[72] La palabra clave es lentamente. Ha sido lento, sin embargo, el momento es el adecuado para que adquiera velocidad y alcance una mayor escala. ¿Por qué? Hay múltiples maneras de lograr la intersección de las artes y la tecnología, así como un número cada vez mayor de organizaciones, personas y emprendedores dedicados a eso.

Yo me encuentro entre esos emprendedores y uní fuerzas con Nicolás González, el artista cuya historia relaté en este

---

[71] "Reinvesting in Arts Education: Winning America's Future Through Creative Schools," Obama Whitehouse Archives blog, consultado el 15 de octubre de 2020.

[72] John M. Eger, "National Science Foundation Slowly Turning STEM to STEAM," *The Huffington Post*. 31 de mayo de 2011.

libro, y Adriana de Urquidi para fundar Kosmos, un emprendimiento social en la intersección del arte, la tecnología y las oportunidades. Oportunidades para los millones de adultos jóvenes ni-nis en los Estados Unidos y México. Queremos ser una fuerza líder en el movimiento para lograr una adopción masiva ya que nos apasionan los resultados que se lograrán y el cambio que se desatará. Más adelante encontrarás en este libro una descripción de El método Kosmos, nuestra respuesta a esta necesidad.

Education Unbound es una pionera de STEAM en los Estados Unidos. Fue fundada por Rowayda Shoujah Hamdan (también conocida como Weeda) y su esposo Mark Hamdan en 2016. La Sra. Hamdan es una artista cuya historia de resiliencia y pasión por la educación es increíble y es paralela a la del Sr. Hamdan. La entrevisté en septiembre de 2020, y aunque ya conocía partes de su historia, todavía me quedé impresionado cuando la escuché contar cómo pasó de haber nacido en África occidental de padres libaneses, a vivir en Líbano durante la invasión israelí de 1982, huir a Europa y finalmente venir a los Estados Unidos.

La señora Hamdan está en su estudio por lo que puedo echarle un vistazo a las pinturas que tiene, desde la obra de arte en la que está trabajando hasta las que ya terminó. Ella es elocuente y energética, pero aún así transmite una fuerte sensación zen; eso es hasta que comenzó a contar su vida en resguardo durante la guerra. Sus ojos se ponen llorosos y se detiene un poco como para reunir la fuerza necesaria para enfrentar de nuevo esos recuerdos. Visiblemente conmovida, relata cómo "Habiendo vivido múltiples guerras en el Líbano, mi familia y yo hemos sido desplazados varias veces. Si no fuera por los cálidos y acogedores hogares de desconocidos lejanos, el destino de mi familia habría estado plagado de tragedia".

Y continúa relatando: "Era 1982, y estaba sentada bien erguida, con las piernas cruzadas, con un cuaderno de dibujo y un lápiz en mi regazo rodeada de oscuridad; los miembros de mi familia apoyados los unos contra los otros. Paredes frías de concreto. La esperanza que teníamos se había convertido en la cruda realidad, no dormiríamos en nuestras camas esta noche".

"Los días y las noches pasaban. Nuestro búnker subterráneo se convirtió en nuestra protección mientras que las batallas se intensificaban sobre nuestras cabezas. En una de esas muchas aburridas noches de espera, me senté en la oscuridad y empecé a dibujar, presionando ciegamente el lápiz contra el papel. Visualizaba imágenes y luego las esbozaba. Sólo cuando la luz del día me permitió echarle una ojeada, descubrí lo que había creado. Estas imágenes, mis descubrimientos matutinos, se convirtieron en una apacible escapada".

Tanto ella como el Sr. Hamdan vinieron a los Estados Unidos para estudiar. Fue gracias a personas que creyeron en ellos en el camino, así como a las becas y préstamos que les ofrecieron para impulsar su forma de pensar y vocación lo que realmente les ayudó a construir una empresa exitosa. Cuando vendieron su empresa, "decidimos fundar Education Unbound (Educación sin ataduras) ya que creemos que la educación te da las únicas alas que pueden hacerte volar. Puede ayudarte y ayudar a tu familia, sin importar dónde estés. Puede mejorar a todo el mundo a tu alrededor, romper el círculo de la pobreza y desventaja". Su misión original era "ayudar a aumentar la oferta de talento de alta tecnología a través de STEAM en la educación".

La Sra. Hamdan siempre soñó con crear un mundo más pacífico en el que colaboremos, empaticemos y mejoremos. Así como el proceso de pintar fue un escape durante su infancia, en 2016 decidió también donar su arte a Education Unbound, para ayudar a sacar a un niño del círculo de pobreza y explotación. Nos invita a todos a que sigamos esa cadena de ayuda por los niños desfavorecidos para que ellos también puedan escribir su historia, con alegría y oportunidades ilimitadas.

La historia se pone más interesante y se intensifica, cuando los caminos de los Hamdans se cruzan con los de Ben Koch y Justin Vawter. El Sr. Koch y el Sr. Vawter fundaron NuMinds en 2013 con el fin de iniciar una revolución por crear conciencia sobre la educación a través del aprendizaje real e inspirador. Incentivados por la visión de que NuMinds podría proporcionar un nivel de enriquecimiento más allá del día escolar, donde el aprendizaje real e inspirador crea las condiciones para la curiosidad y el autodesarrollo permanente tanto para los maestros como para los estudiantes. La señora Hamdan me dice que tuvo la suerte de encontrar "dos educadores brillantes con el corazón y la mente adecuados, además de la misma misión y altos niveles de energía".

Entrevisté al Sr. Koch, que es un admirador de Sir Ken Robinson (cuyas ideas sobre programas de educación alternativa pueden recordar de otros capítulos en este libro). Así que entiendo como el Sr. Koch relata energéticamente cómo, "el plan de negocios original de NuMinds se nos ocurrió a Justin y a mí en un momento de inspiración mientras nos dirigíamos a la carrera de cien millas Rocky Racoon a las afueras de Houston, Texas. Lo creamos en función de la "EDvolución" que queríamos lograr. No buscábamos reemplazar el sistema educativo fallido que habíamos vivido como educadores, sino crear un nuevo sistema para complementarlo. Uno cuyo principal objetivo era desarrollar innovadores apasionados y motivados, no estandarizar corazones y mentes. Sabíamos que STEAM era el mejor modelo existente para hacer esto, por lo que planteamos una visión para transformar con el ejemplo, creando programas basados en STEAM inspirados en el concepto de Sir Ken de The Element (El Elemento)".

Después de que NuMinds y Education Unbound llegaron a un acuerdo para colaborar en 2017, la pasión se multiplicó y la carga de trabajo que representa el ser pioneros se distribuyó. Esto les ayudó a enfrentar el montón de dilemas y retos inherentes al emprendimiento. El hecho de que la Sra. Hamdan fuera una artista que escolarizaba a sus hijas en el hogar después de que cerrara su escuela Montessori, también ayudó a mejorar su comprensión de la educación STEM, así como la transformación del modelo de negocio que se requería. Ella relata la historia de cuando visitó un reputado distrito escolar independiente y presentó su idea de cómo la educación STEAM podría ser utilizada en sus campamentos de verano. Ninguno de los profesores ni los administradores estaba familiarizado con el concepto. El Sr. Koch expresó cómo "después de ese primer verano de campamentos, donde inspiramos y entusiasmamos tanto a los niños con STEAM, los padres nos preguntaban: '¿Por qué a mi hijo no le gusta tanto la escuela como esto?'"

Se han desarrollado múltiples programas privados en función del "por qué" descrito anteriormente. El "cómo" es igualmente relevante. Koch me lo explica, dibujando en el pizarrón de su oficina los conceptos simples pero poderosos. El elemento fundamental para inspirar tanto a los niños como a los adultos jóvenes es la persona que debe cumplir tres criterios clave que él dibuja como círculos: pasión, conocimiento y talento (o PCT). Deja la intersección de los círculos en blanco y sonríe mientras escribe la palabra Inspiradores en el estrecho espacio PCT, dejando muy claro que no está usando la palabra maestro a propósito y señala que sonreír es uno de los valores fundamentales de NuMind.

La capacitación de los inspiradores está muy bien definida y se ha perfeccionado mediante sesiones realizadas entre culturas de Estados Unidos, Argentina y Líbano. Consta de tres pilares: STEAM, mentalidad de crecimiento y creatividad. Vale la pena explicar la idea básica de una mentalidad de crecimiento como fue elegantemente descrita por Carol Dweck en su conferencia *"Developing a Growth Mindset"* (Desarrollar una mentalidad de crecimiento).[73] Una mentalidad de crecimiento en los estudiantes significa que están abiertos a procesar los errores, aprender de ellos y corregir el rumbo a diferencia de una mentalidad fija, que se enfoca en los resultados de los exámenes y tiende a huir de las dificultades.

El resultado hasta ahora es impresionante, y el cielo es el límite:

---

[73] *Stanford Alumni*, "Developing a Growth Mindset with Carol Dweck," 9 de octubre de 2014, video, 9:37.

- 18,193 estudiantes y adultos han asistido a programas virtuales, talleres y campamentos.
- cinco mil educadores se han fortalecido, documentado e inspirado en talleres, sesiones de capacitación y conferencias.
- ochenta y tres escuelas y socios comunitarios forman parte del ecosistema.

Asistí a la primera Cumbre Nacional STEAM de México que se realizó en junio de 2020. Fue un evento virtual organizado por Movimiento STEAM.

Roberto Martínez Yllescas, director del Centro de la Organización para la Cooperación y el Desarrollo Económico (OCDE) en México para América Latina, dio la ponencia principal: "Dónde se encuentra México en educación STEAM".[74] Dejó claro que México debe mejorar tanto su cantidad como su calidad de graduados STEM para competir en un escenario global. También indicó que la creatividad es ahora reconocida como una habilidad clave para que México mejore y afronte los desafíos que enfrenta como sociedad. La creatividad es una habilidad básica en el campo artístico, sin embargo, implica un cambio respecto a los anteriores requisitos en las áreas de ciencia y tecnología, donde no se le daba el mismo estatus que a otras habilidades cognitivas.

Posteriormente hablé con la fundadora Graciela Rojas Montemayor en agosto de 2020. La historia de la Sra. Rojas en temas STEM se remonta a su niñez. Con un contexto familiar

---

74 Movimiento STEAM, "En dónde está México en Educación STEAM," 18 de junio de 2020, video, 1:00:00.

de profesionistas (tanto su papá como sus tres hermanos) que se dedicaron a ejercer en áreas relacionadas con las Ciencias, Tecnología, Ingeniería y Matemáticas, la Sra. Rojas estaba casi destinada a estudiar una carrera de ese rubro, pero no fue así. No se identificaba con esas carreras pues eran para hombres; a pesar de tener un buen desempeño y excelentes calificaciones optó por estudiar Administración de Empresas.

Recién egresada y con diecinueve años, comenzó a trabajar y a los veintisiete años ya era Directora en Terra Comunicaciones. Tres años después era Directora General en una agencia de mercadotecnia, pero faltaba una pieza y constantemente se preguntaba si estaba en el lugar correcto. ¿Quería dedicarse a eso toda su vida y tener una buena remuneración económica y reconocimiento o dedicarse a su verdadera pasión a lo que su alma vino al mundo?

De pronto, en una crisis personal recordó que de niña quería ser maestra. Y por destino o coincidencia, conoció a María Montessori, la primera médico de Italia, gran líder mundial y quien lanza toda una corriente pedagógica a partir del pensamiento científico.

La Sra. Rojas se convirtió en profesora Montessori y comenzó una nueva aventura: fusionar lo que había estudiado y aprendido durante el camino. Así nació Profesor Chiflado, empresa dedicada a hacer eventos infantiles en donde se mezcla el juego con la ciencia. Un sueño que engloba mercadotecnia, su vocación por la docencia y el proyecto de vida que más le hacía sentido, pero el camino no fue fácil.

Profesor Chiflado trajo grandes satisfacciones: en 2014 la Sra. Rojas fue galardonada con el Premio Nacional al Emprendedor y en 2015 con el Premio Nacional de Calidad. Pero había una inquietud por querer ampliar la categoría e impactar a más personas de diferentes edades, un sueño de ir más allá e incidir en política pública pues siempre estuvo convencida que el pensamiento científico es el camino para el desarrollo sostenible y el bienestar social.

En 2017 nació Movimiento STEAM (Ciencias, Tecnología, Ingeniería, Arte y Matemáticas, por sus siglas en inglés), una asociación sin fines de lucro que busca impulsar en México y Latinoamérica la Educación STEAM, los empleos del futuro y la innovación, con visión social e incluyente.

Esta iniciativa impulsada por la Sra. Rojas, como Presidenta y Fundadora, hoy en día es un referente de la Educación STEAM en todo México y Latinoamérica. Uno de sus ejes de acción es la vinculación estratégica con los diferentes actores de la sociedad: Organismos Nacionales e Internacionales, Empresas, Centros de investigación y Medios de Comunicación y más. Con la finalidad de incidir en política pública para consolidar una estrategia regional que impulse la Educación STEAM, los empleos del futuro y la innovación, con una visión social e incluyente.

Así, Movimiento STEAM ha venido integrando el Ecosistema STEAM y ahora más de 120 organizaciones, empresas e instituciones trabajan en forma coordinada para desarrollar proyectos y acciones para generar el crecimiento exponencial de la educación STEAM en México.

En 2020, en alianza con Varkey Foundation y Global Edtech Impact Alliance, Movimiento STEAM lanzó el Premio Docentes Extraordinarios: *National Teacher Prize* México. Con un gran motivo: Iluminar la labor excepcional de los y las docentes de México en sus aulas. El *Global Teacher Prize* de Varkey Foundation se ha convertido en el Premio Nobel de la Educación, y estando convencidos que las áreas STEM son las de mayor rezago en nuestro país y conscientes del impacto que tiene la labor docente en la deserción escolar.

Hoy esta iniciativa a pesar de la pandemia por COVID-19 cuenta con casi tres mil docentes postulados, el respaldo de la Secretaría de Educación Pública Federal y el apoyo de las Secretarías Estatales.

Movimiento STEAM continuará buscando reconocer la labor excepcional de las mujeres en estos campos de Estudio. También se está trabajando en crear certificaciones, acreditaciones y estándares para asegurar la calidad de esta educación en México y Latinoamérica.

La Sra. Rojas seguirá trabajando incansablemente a favor de la Educación STEAM, la innovación y los empleos del futuro con visión social e incluyente, pues el desarrollo de estas competencias son las que pueden lograr la inclusión laboral, y el desarrollo para las nuevas generaciones con un compromiso especial por las mujeres.

La Sra. Rojas asegura en algunas de sus conferencias: "Para mí STEAM es la solución a las problemáticas que hoy en día vivimos y aunque hay un gran camino por recorrer, sé que juntas y juntos lograremos que haya STEAM para todas y todos, sin dejar a nadie atrás. Como siempre lo digo: si yo supiera que hay algo más que va a cambiar más el planeta que la educación STEAM, me dedicaría a ello, pero como no lo hay, por eso me dedico a lo que me dedico".

Hoy en día Movimiento STEAM ha impactado a más de veinte millones de personas en todo México y la región y esto es sólo el inicio de este gran sueño.

El movimiento STEAM está ganando velocidad y la verdadera intersección del arte con la tecnología está desatando posibilidades impresionantes para adquirir destrezas y habilidades del siglo XXI. ¡Estoy emocionado de ser parte de esto, y te invito a que te unas a nosotros!

Preguntas para profundizar en el tema:

¿Qué desafíos podemos prever en un futuro próximo si no fomentamos la intersección de las artes y la tecnología hoy en día?

¿Qué podría pasar en un futuro próximo si los desarrolladores de tecnología no están sensibilizados con las artes?

¿Cómo deben replantear las instituciones su enfoque hacia las nuevas tecnologías teniendo en cuenta la importancia que desempeñan las artes?

¿Cuál ha sido el impacto en las personas, los espacios y los lugares de los programas en funcionamiento que intersectan el arte y la tecnología?

¿Pueden servir las artes como puente entre tecnologías?

¿Cómo se pueden utilizar las artes para incrementar la alfabetización digital?

¿Cómo se pueden utilizar las artes para atenuar las consecuencias imprevistas de las tecnologías avanzadas?

¿Pueden mejorar las artes la percepción humana de la realidad virtual o de la realidad aumentada?

9
PROPÓSITO Y FE

Por favor, tómate un momento para rezar.

¿Rezaste desde un lugar de fe, miedo o ansiedad? Esta es una pregunta importante, porque en mi experiencia, Dios no responde al miedo ni a la ansiedad. ¿Es esa tu experiencia también?

¿Sabes lo que pasa cuando combinas las palabras "Dios" y "coincidencia"? Tienes una "Diosidencia". Algunos lo llaman "sincronicidad" o eventos que parecen estar conectados, pero no tienen ninguna conexión causal.

"Diosidencia" es una palabra muy poderosa para mí porque la he experimentado en innumerables ocasiones. Dios nos ama incondicionalmente y está trabajando a nuestro favor, nos demos cuenta o no. A veces hace que algo bueno suceda, otras veces impide que algo malo pase. Respeta nuestro libre albedrío pero a menudo se ríe de nuestros planes, particularmente si no están alineados con el propósito que Él tiene para nosotros o Su misión. A veces nos deja sentir dolor, que se transforma en propósito.

Soy católico y quiero compartir con ustedes un tweet del Papa Francisco:

"La fe o es misionera o no es fe. La fe siempre te lleva a salir de ti mismo. La fe debe ser transmitida, no para convencer, sino para ofrecer un tesoro. Pidamos al Señor que nos ayude a vivir nuestra fe de este modo: una fe de puertas abiertas, una fe transparente".[75]

EL PAPA FRANCISCO

Si eres cristiano, te identificarás con el tweet del Papa Francisco. Si no lo eres, permíteme compartir una cita de un mexicano-estadounidense, nacido en Autlán, Jalisco, que admiro por su maestría al tocar la guitarra, así como su búsqueda de autodescubrimiento e iluminación. En su autobiografía *The Universal Tone* (El tono universal) escribe: "El amor es la luz que está dentro de todos nosotros, de todo el mundo. Saludo la luz que eres y que está dentro de tu corazón."[76]

---

75 Papa Francisco (@Pontifex), La fe o es misionera o no es fe. La fe siempre te lleva a salir de ti mismo. La fe debe ser transmitida, no para convencer, sino para ofrecer un tesoro. Pidamos al Señor que nos ayude a vivir nuestra fe de este modo: una fe de puertas abiertas, una fe transparente". Twitter, 9 de julio de 2020.

76 Ashley Kahn, Carlos Santana, Hal Miller, *The Universal Tone: Bringing My Story to Light* (Orion Publishing Group, 2014).

Este libro captura historias de muchas personas cuyos caminos Dios ha cruzado con los míos. Por ello, estoy muy agradecido. Y tu podrás leer mi historia también, pero antes te cuento una historia más que me parece inspiradora:

Debbie Rentería siempre ha sido una buena estudiante y ha sabido la importancia que tiene la educación. Sin embargo, no pudo seguir un camino "tradicional" ya que tuvo que posponer sus estudios para apoyar a su madre y a sus hermanos menores, de quienes ha sido como una segunda madre. Incluso tuvo múltiples empleos después de que se separaron de su padre. No siempre ha sabido lo que quiere, pero siempre ha tenido claro lo que no quiere: dificultades económicas o un trabajo que no le guste, por ejemplo. Ambos son igualmente importantes. Su misión es escuchar las historias de la gente porque todos tenemos una. Ella recuerda haber leído en la serie de libros *The Land of Stories* (La tierra de las historias) de Chris Colfer: "Un villano es una víctima cuya historia no ha sido contada". Este es un concepto con el que ella está totalmente de acuerdo porque siempre existe un villano en toda historia, pero no conocemos el corazón ni el trasfondo de lo que los convirtió en un villano.

La Sra. Rentería tiene un semblante sereno y no me sorprende, ya que mientras relata su historia de haber seguido un camino no tradicional, me dijo que alguien siempre va a ayudarte cuando lo necesites. Ella dice: "Dios es muy bueno en cuanto a que pone a las personas adecuadas en tu vida en el momento preciso, ya sea para reavivar tu disposición a escuchar palabras alentadoras o para recordarte creer en ti mismo. Es casi parte de la naturaleza humana dudar de nosotros mismos o pensar que no somos valiosos. Y eso lo escuché mucho. Escuché que no era lo suficientemente buena. Y empiezas a creer que pueden tener razón. No soy tan lista. No soy esto o lo otro. Tuve que practicar el creer en mí misma. Realmente me tomó tiempo y me costó mucho trabajo. Justo cuando estaba lista para renunciar, Dios fue muy bueno en poner estratégicamente a gente en mi vida que me recordaba que sí era lo suficientemente buena. Tomó un tiempo, pero lo logré y me di cuenta de que necesitaba decir esas palabras. Todos necesitamos decirlas y afirmar 'Sí lo soy'". Ella lo llama la ley de la atracción; si quieres algo tienes que decretarlo y lo atraerás.

Le pregunté a la Sra. Rentería si tenía un modelo a seguir o un mentor y mencionó varios nombres: su madre, el Sr. Castañón, que es el padre de una de sus mejores amigas, la hermana Patricia, que era la directora de su escuela, y Linda Bononcini, que fue su mentora cuando comenzó a enseñar y continuó ocupando ese papel hasta que se retiró. Un mensaje frecuente que recibió de su madre y de la hermana Patricia fue: "Estás destinada a la grandeza". El Sr. Castañón solía decirle lo inteligente que era. Linda siempre se encargó de echarle una mano a la Sra. Rentería cuando parecía necesitarla y resultó ser un gran ejemplo de maestra y administradora. Encontró maneras de ser siempre creativa y nunca perder de vista sacar lo mejor de los estudiantes.

Sin duda, la Sra. Rentería es un ser humano especial. ¿Es más especial que tú o podría ser que simplemente tú no hayas prestado suficiente atención como ella hizo a la gente que ha tratado de motivarte en el camino? ¿O solo necesitas practicarlo más? Después de todo, lo que ella afirmó claramente que hizo para lograrlo fue, "practicar el creer en mí misma. Realmente me tomó práctica y mucho trabajo".

Siendo yo mismo un hombre de fe, aproveché la oportunidad para saber cómo fortaleció su fe. Muy rápidamente y con seguridad, la Sra. Rentería respondió: "Mi madre fue quien la inculcó en nosotros y yo fui a una pequeña escuela católica". Su abuela fue parte importante de su vida y fue quien insistió en que fuera a una escuela católica a pesar de que implicaba una carga económica adicional. La Sra. Rentería comparte cómo un día fue llamada a la dirección a través del altavoz. Sus amigos se sorprendieron e inmediatamente pensaron que se había metido en problemas. Ella no recordaba haber hecho nada malo, pero se puso muy nerviosa y su corazón palpitaba mientras caminaba hacia la oficina de la hermana Patricia que, a pesar de ser una persona bajita, infundía miedo en todos los estudiantes. Cuando llegó a la dirección, la hermana Patricia le comentó que su padre se había retrasado de nuevo en el pago de sus colegiaturas y que su deuda era muy elevada. La Sra. Rentería se sentía avergonzada e impotente. Ya había estado trabajando en la escuela para ayudar a pagar su deuda, limpiando la cocina y los baños. Ella humildemente se disculpó, con la cabeza inclinada por la vergüenza.

Pensó que sería expulsada, sin embargo, no podía creer lo que escuchó. A la Sra. Rentería se le entrecorta un poco la voz al relatar que la hermana Patricia le dijo que realmente deseaba que siguiera estudiando en la escuela y que condonaría su deuda con dos condiciones: una, que continuara siendo la gran estudiante que ya era, y dos, que nadie más se enterara de esto. La hermana Patricia le continuó diciendo que, si alguna vez alguien le preguntaba al respecto, ella lo negaría, y además, la Sra. Rentería lo cuenta riéndose entre dientes, sería su responsabilidad si hacía mentir a una monja.

Para concluir la entrevista, la Sra. Rentería me pidió que compartiera este pensamiento contigo: "Definitivamente estamos aquí con un propósito. Lo difícil es encontrar la respuesta a '¿Cuál es mi propósito? O '¿Por qué estoy aquí?' Invito a cualquiera que sienta que no tiene un propósito, a que se abra y conecte consigo mismo y con los demás. ¡Encontrarás por ahí a la gente correcta que estará allí para ayudarte! Ten fe cuando la pidas. Di 'Señor guíame, dirígeme hacia lo que se supone que debo hacer. Quiero ser tu fiel sirviente de la manera que me creaste para serlo. Muéstrame qué es'. Puede cambiar. Por una temporada podría estar por aquí y por otra por allá, pero lo encontrarás. Y una vez que lo encuentres, nunca te rindas".

No podría estar más de acuerdo con la Sra. Rentería, ya que soy lo más lejano que puede existir de un hombre que se ha hecho solo. Siempre he encontrado a las personas adecuadas y es una bendición mirar hacia atrás y conectar los puntos.

Crecí en México siendo católico. Tengo que agradecer a mis dos abuelas, mi abuela "Nena" y "Mamita" como les llamábamos, el componente de fe en mi crianza. Me alejé de mi fe hasta un buen día en que se formaron demasiadas nubes oscuras sobre mi cabeza, y Jesús decidió tomar medidas firmes. Fue en 2006 cuando tuve un accidente, me golpeé la cabeza y tal y como cuenta mi esposa, me empecé a hacer tres preguntas una y otra vez. Hasta el día de hoy tengo una laguna mental que abarca horas antes y después del accidente. Mi familia y yo habíamos regresado a Dallas en 2004 después de varias asignaciones con Ericsson en Francia, México y Guatemala. Me estaba yendo realmente mal económicamente como emprendedor lo cual estaba empezando a mostrarse en mi matrimonio. Las consecuencias afortunadas del accidente fueron que las nubes oscuras desaparecieron, y regresé a mi fe. Jesús me hizo un *"reset"*. Recuerdo vívidamente haber dado las gracias por esta bendición en nuestra parroquia de *Saint Joseph Catholic* en Garland.

En cuestión de semanas después del accidente, recibí de regalo el libro *The Purpose Driven Life* (Una Vida con Propósito) de Rick Warren. [77] Lo leí y empecé a preguntarme cuál era mi propósito. Me inscribí en una clase de Biblia en *Bible Study Fellowship International* (BSF), lo escogí porque quería tener un punto de vista cristiano no confesional de las enseñanzas de la Biblia. En 2007 nos mudamos a Indianápolis, donde acepté un puesto en ACS (ahora Xerox). Continué con mi curso de BSF y buscando mi propósito mientras seguí con mi carrera ejecutiva.

Unos años después, en el 2015, mi viaje al corazón se aceleró gracias a un curso intensivo de Chi-kung con Sifu Rama en el cual participé como parte de un retiro ejecutivo. Chi significa energía, y el Chi-kung es una técnica que implica ejercicios de movimiento, respiración y meditación. Fue en la Montaña Azul en Costa Rica que es el lugar que Sifu Rama eligió, entre otras cosas, debido al flujo de energía positiva que existe en ese pacífico lugar en la Tierra. Recuerdo haber tenido calambres abdominales que nunca antes había sentido.

---

77 Rick Warren. *The Purpose Driven Life* (Zondervan, 2002).

Sifu Rama me dijo: "Bien. Estás abriendo flujos de energía que estaban bloqueados".

En 2017 me regalaron el libro *Halftime* (Medio tiempo) de Bob Buford. [78] Lo llevé conmigo en unas vacaciones familiares de fin de año a Tequila, México. No, no estaba borracho cuando lo leía por si te lo preguntabas. La mundialmente famosa bebida de tequila tiene denominación de origen y proviene de la ciudad de Tequila en el Estado de Jalisco.

Me encantó el libro *Halftime* por muchas razones. Realmente tocó fibras sensibles en mí, más de una vez, mientras volteaba página tras página. Podría haber leído el libro en cuestión de horas como una novela que no puedes dejar. Sin embargo, ya no estaba usando sólo mi cabeza. Definitivamente estaba sintiendo un fuerte tirón de mi corazón. A menudo tenía que hacer una pausa y reflexionar sobre los muchos conceptos e historias. Fue inspirador y tras haber invertido recientemente en una empresa de IA, mi mente vagaba hacia múltiples direcciones. Estaba ahí presente con mi familia, ya que nos estábamos divirtiendo mucho, pero también reflexionando sobre el pasado y orando por recibir una orientación sobre el futuro.

Una razón más por la que me encantó *Halftime* es que leí que Bob Buford, el autor, había sido discípulo de Peter Drucker. Soy admirador del Sr. Drucker por las muchas razones que mencioné en el primer capítulo, y resulta que mi libro favorito *Adventures of a Bystander* (Aventuras de un Espectador) es suyo. Morton Meyerson nos lo recomendó a un grupo de ex

---

78   Bob Buford. *Halftime* (Zondervan, 2015)

alumnos del Tec de Monterrey (ExATecs DFW) cuando nos dio una charla en el Meyerson Symphony Center en Dallas, Texas en 2005.

Me sorprendió gratamente descubrir que Bob Buford fundó el *Halftime Institute* en Irving, Texas, donde tienen distintos programas para ayudar a los "*halftimers*" a pasar del éxito a lo trascendente, siguiendo una metodología basada en los conceptos que el Sr. Buford capturó en su libro. Cuando volvimos a casa en Dallas, después de nuestras vacaciones de fin de año, comencé a investigar sobre el instituto. Se veía genial y particularmente su programa estrella "*fellows*" (compañeros) que dura doce meses.

El tiempo vuela cuando te estás divirtiendo y cuando a mediados de 2018 Andrés Ruzo, que era en ese entonces mi director ejecutivo, me preguntó si me gustaría tomar curso de crecimiento personal en una institución enfocada en el capitalismo consciente, le pregunté si me permitiría sustituirlo. Le expliqué que sacaría el mismo provecho del programa "*fellows*" de *Halftime*, ya que era muy similar al que él proponía, con dos beneficios adicionales: Se basaba en la fe e incluía algunas sesiones para mi esposa. Al Sr. Ruzo le gustó la idea dado su fuerte sentido de fe y familia.

En octubre de 2018, comencé el programa "fellows" en el *Halftime Institute*. No pude agradecer suficientemente al Señor. Llegó en un momento muy difícil para mí en casa, dados los desafíos que mi esposa y yo, en la etapa del nido vacío, estábamos enfrentando con ambos de nuestros hijos. Estaba recibiendo tanta energía del programa. Energía que necesitaba para hacer frente a estos desafíos. Debo haber aburrido a más de una persona describiéndoles el programa a amigos y familiares, sin embargo, no muchos lo entendieron.

A principios de 2019, mi misión era cada vez más clara y para mediados de marzo ya era más clara que el agua: seguir el gran mandamiento, aumentar el crecimiento económico y la inclusión social de los adultos jóvenes en áreas desfavorecidas en Estados Unidos y México. Al mismo tiempo, hubo cambios en el trabajo, que provocaron en mí una ráfaga de pensamientos y sentimientos. Rezaba constantemente para recibir una orientación y estaba en constante comunicación con mis hermanos de *Halftime*, mi coach Rod Stewart, y el "grupo personal de consejeros" que había formado. Aprendí que soltar, es un paso necesario para trascender. Tenía clara mi misión, pero ninguna certeza. Encontrarse en ese punto y no dar un salto de fe podría interpretarse como desobediencia. La teoría del palo y la zanahoria. El Viernes Santo renuncié a mi trabajo para embarcarme a tiempo completo en la búsqueda de mi misión.

Hay varias maneras de encontrar tu propósito. En mi caso, ha sido una mezcla de fe y dolor. Independientemente del camino que sigas, ¡ten fe y encontrarás tu propósito! Que Dios te bendiga.

Preguntas para profundizar en el tema:

¿Qué te apasionaba cuando eras niño?

Piensa en una experiencia dolorosa por la que hayas pasado. ¿Son valiosas las lecciones que aprendiste para ayudar a otras personas?

Si supieras que sólo tienes un año más de vida, ¿querrías seguir haciendo lo que haces actualmente?

¿La gente que te rodea, en qué te dice que sobresales?

APÉNDICE 1 – EL MÉTODO KOSMOS

Kosmos es una empresa social cofundada con mis socios Adriana de Urquidi alias Adri, y Nicolás González alias Nic. Es la intersección del arte, la tecnología y la oportunidad; oportunidad para los adultos jóvenes ni-nis en áreas desfavorecidas de los Estados Unidos y México.

La definición de oportunidad es "un conjunto de circunstancias que hace posible hacer algo". Para hacer cualquier cosa, ante todo debes querer hacerlo. Necesitar hacer algo no es suficiente. Debes quererlo. Así es como funciona nuestro libre albedrío, y más aún para la Gen Z ni-ni cuyas circunstancias siguen cambiando y además está siendo afectada por el efecto resortera.

Conocí a Nic en junio de 2019 cuando dio una charla sobre su experiencia como joven artista hispano en el Mercado 369 en la vecindad de Oakcliff en Dallas. La historia de Nic, que se encuentra en el Capítulo 4 "Arte y Educación", debería ayudarte a entender mejor cómo su trayectoria artística y su crianza complementan mi trayectoria tecnológica y crianza que compartí en la Introducción y en el Capítulo 9 "Propósito y Fe".

Conocí a Adri en una Cumbre de Liderazgo Hispano en La Universidad Metodista del Sur (SMU, por sus siglas en inglés) en septiembre de ese mismo año. Adri no sólo aporta al equipo la diversidad de género tan necesaria, sino lo más importante, su gran experiencia en programas sociales, análisis de sistemas y los contactos que hizo cuando fue *global shaper (futuros líderes)* en el Foro Económico Mundial.

Adri, Nic y yo acordamos convertirnos en socios en septiembre de 2019.

Lo que hace único a Kosmos es su metodología para entrelazar las artes con la tecnología. El vehículo es un programa de formación para el trabajo en tecnología, de doce meses, que desarrolla una habilidad que permite a los adultos jóvenes reorientarse y reincorporarse al mercado laboral haciendo trabajo remoto. Este trabajo y capacitación se realiza sin que tengan que salir de sus comunidades, lo cual es de suma importancia para prevenir la fuga de cerebros. Pero lo que es más importante, al entrelazar actividades artísticas cuidadosamente diseñadas a lo largo de los doce meses, los adultos jóvenes desarrollan habilidades del siglo XXI que les ayudarán de por vida: curiosidad, colaboración y comunicación, así como pensamiento crítico y creativo.

Kosmos establece alianzas con centros de arte ya establecidos en sus comunidades y que trabajan con adultos jóvenes que tienen inclinación por las artes. Encuentran adultos jóvenes ni-nis en su comunidad que han probado el programa de artes y han fracasado, o que han tocado su puerta para preguntar si tienen un programa de tecnología. Todos los adultos jóvenes hoy en día tienen habilidades tecnológicas por el simple hecho de su interacción con la tecnología, ya sean pantallas, consolas de juegos o dispositivos del internet de las cosas (IoT, por sus siglas en inglés). Aplicamos conjuntamente una evaluación para determinar la afinidad para el programa Kosmos y seleccionamos a los "tecnos" que pueden beneficiarse de éste.

Una pregunta común que se nos hace, es cómo se dan el tiempo los artistas para aprender las habilidades tecnológicas. No tienen que hacerlo. Kosmos no capacita a los artistas en los centros de arte. Capacita a los adultos jóvenes que no quieren ser artistas, o que han probado el programa de artes sólo para darse cuenta que no es para ellos.

El artista emprendedor descrito en el Capítulo 2, "Arte y Cultura Mejorando Comunidades", es una piedra angular del programa. Él o ella han hecho el trabajo pesado de establecerse en una comunidad y conocer su patrimonio del cual el capital humano es lo más importante; sobre todo, se han ganado la confianza de la comunidad. Estos artistas experimentados ofrecen un espacio positivo bajo el cual los "tecnos" residen al menos una vez a la semana. Los artistas y "tecnos" están bajo el mismo techo, derribando efectivamente las barreras naturales que existen entre ellos y permitiendo que sus mentes estén abiertas para colaborar. El programa piloto rural que culminó con éxito en las montañas de Guerrero, México en junio de 2020 demostró que existe un círculo virtuoso al tener artistas y "tecnos" bajo el mismo techo.

La rúbrica que se sigue para el desarrollo de las habilidades del siglo XXI abarca los tres pilares antes mencionados, y su progreso de básico a intermedio y a avanzado en cada uno de ellos. Si bien la confianza que es fundamental para una mentalidad triunfadora no se describe en la rúbrica, los adultos jóvenes la adquieren mientras avanzan en sus habilidades tecnológicas y en los pilares.

El método para entrelazar las artes y la tecnología se ha perfeccionado después de un largo análisis de sistemas, innumerables horas de desarrollo y su verificación con expertos en la materia. Considera todos los elementos de los programas alternativos exitosos descritos por Sir Ken Robinson cubiertos en el Capítulo 4 "Arte y Educación":

- Personalización.
- Fuerte apoyo a los profesores.

- Vínculos estrechos con la comunidad.
- Plan de estudios amplio y diverso.
- Ofrecer programas que involucren a estudiantes tanto dentro como fuera de la escuela.

El siguiente paso para la empresa es validar el método a través de un piloto urbano en el sur de Dallas. Además de los retos empresariales estándar, la pandemia de COVID-19 ha afectado a Kosmos principalmente con retrasos. Por ejemplo, utilizamos el espacio de oficinas de la Incubadora en SMU, ubicada en el séptimo piso de la torre este del campus, al otro lado de la autopista del campus principal y de la Biblioteca Presidencial George W. Bush. Tenemos un espacio de *coworking* fenomenal con una gran vista del "Hilltop" al norte del centro de Dallas, donde se construyó la universidad. La incubadora estuvo cerrada durante meses, lo que hacía más difícil tener reuniones de colaboración tan necesarias que no se pueden sustituir con la tecnología.

Incluso si el espacio de coworking hubiera estado abierto, todos teníamos retos personales que requerían de nuestra atención. Por ejemplo, le preguntamos en broma a Adri si de verdad sólo tenía dos hijos, porque cuando se integraba a las llamadas telefónicas o reuniones web desde casa, se escuchaba como si tuviera diez hijos a su alrededor.

Es de extrema importancia validar el modelo Kosmos antes de llevarlo a escala. Ante todo, porque lo más importante que se merece cualquier adulto joven que cursa un programa alternativo, es estar en condiciones de triunfar. Después de dos intentos fallidos por conseguir a un artista emprendedor en el sur de Dallas que fuera capaz y estuviera emocionado de ser parte del programa piloto, localizamos al socio ideal. La tercera es la vencida. Esperamos que el programa piloto urbano comience cuando se publique este libro. ¿Es ésta otra "Diosidencia" como se describe en el Capítulo 9 "Propósito y Fe"?

Cuatro años después de la graduación de Nic de SMU con una licenciatura en Bellas Artes, y dos décadas después de mi graduación de la misma *alma mater* con una maestría en administración de empresas, realizamos la entrevista que me permitió reflejar la historia de Nic en este libro. Nic veía el campus con una gran sonrisa en su cara. Estábamos en el mismo edificio que él antes limpiaba como parte de su trabajo hace veinte años.

Hay algunos puntos que podemos conectar cuando vemos hacia atrás. No podemos conectar los puntos cuando vemos hacia adelante. Sin embargo, si la pasión es el principal indicador del éxito, en el equipo de Kosmos abunda. Estamos motivados por los vínculos que hemos formado como equipo, los resultados obtenidos hasta ahora y la retroalimentación positiva que seguimos recibiendo.

APÉNDICE 2 - CITAS

Introducción

Caplan, Bryan. "The World Might Be Better Off Without College for Everyone." *The Atlantic,* enero/febrero 2018. https://www.theatlantic.com/magazine/archive/2018/01/whats-college-good-for/546590/.

CollegeAtlas. "U.S. College Dropout Rate and Dropout Statistics". Actualizado el 29 de junio de 2018. Consultado el 10 de septiembre de 2020. https://www.collegeatlas.org/college-dropout.html.

DoSomething. "11 Facts About High School Dropout Rates". Consultado el 10 de septiembre de 2020. https://www.dosomething.org/us/facts/11-facts-about-high-school-dropout-rates.

OECD. "Higher Education in Mexico: Labour Market Relevance and Outcomes." Consultado el 15 de octubre de 2020. https://www.oecd.org/fr/publications/higher-education-in-mexico-9789264309432-en.htm.

TED. "How a handful of tech companies control billions of minds every day | Tristan Harris." 28 de julio de 2017. Video, 17:00. https://youtu.be/C74amJRp73o.

Capítulo 1

Apple Inc. "Apple Presents iPod.". Consultado el 15 de octubre de 2020. https://www.apple.com/newsroom/2001/10/23Apple-Presents-iPod/.

BBC. "Netflix's history: From DVD rentals to streaming success." 23 de enero de 2018. Consultado el 15 de octubre de 2020. http://www.bbc.co.uk/newsbeat/article/42787047/netflixs-history-from-dvd-rentals-to-streaming-success.

Bezos, Jeff. "Person of the Year." Time, 27 de diciembre de 1999. https://time.com/vault/year/1999/.

Brinkley, Joel. "U.S. VS. MICROSOFT: THE OVERVIEW; U.S. JUDGE SAYS MICROSOFT VIOLATED ANTITRUST LAWS WITH PREDATORY BEHAVIOR." *The New York Times*. 4 de abril de 2000.

https://www.nytimes.com/2000/04/04/business/us-vs-microsoft-overview-us-judge-says-microsoft-violated-antitrust-laws-with.html.

Buford, Bob. *Stuck in Halftime: reinventing your one and only life*. Grand Rapids, Michigan: Zondervan Publishing House, 2001.

CNN. "Google's Incredible Growth: a timeline". Consultado el 15 de octubre de 2020. https://www.cnn.com/interactive/2018/12/business/google-history-timeline/index.html.

Encyclopedia Britannica Online. PlayStation2 electronic gaming console. Consultado el 15 de octubre de 2020, https://www.britannica.com/topic/PlayStation-2.

Forbes Mexico. "El 75% de adolescentes y padres mexicanos, adictos al celular". Consultado el 15 de octubre de 2020. https://www.forbes.com.mx/el-75-de-adolescentes-y-padres-mexicanos-adictos-al-celular/.

Kushleva, Kostadin, Hunter, John F., Proulx, Jason, Pressman, Sarah D., Dunn, Elizabeth. "Teléfono inteligentes reduce smiles between strangers." Elsevier, Computers in Human Behavior, Volumen 91, febrero de 2019, páginas 12-16. https://www.sciencedirect.com/science/article/abs/pii/S0747563218304643.

Pew Research. "Artificial Intelligence and the Future of Humans". Consultado el 15 de octubre de 2020. https://www.pewresearch.org/internet/2018/12/10/artificial-intelligence-and-the-future-of-humans/.

Pew Research. "Teens, Social Media & Technology 2018". Consultado el 15 de octubre de 2020. https://www.pewresearch.org/internet/2018/05/31/teens-social-media-technology-2018/.

Capítulo 2

Chatterton, Tim; Newmarch, Georgia. "The Future Is Already Here - It's Justo Not Very Evenly Distributed." ACM

Interactions, marzo/abril 2017. https://interactions.acm.org/archive/view/march-april-2017/the-future-is-already-here.

Cullinan, Deborah. "CultureBank: A Vision for a New Investment System." Federal Reserve Bank of San Francisco Community Development Innovation Review 2019-2. https://doi.org/10.24148/cdir2019-02.

HowlRound Theatre Commons. "Arts Culture & Community Investment - Culturebank Dallas with IgniteArts Dallas." February 25, 2020. Video,2:56. https://youtu.be/4uJ2rW2sp3Y.

Rosendo, Bernardo. *Esperanza en la Montaña. Rescate Cultural y Formación para el Trabajo.* México: Luna Media Comunicación, 2018.

Tornatore Giuseppe, dir. *Cinema Paradiso.* Les Films Ariane, 1988.

Capítulo 3

Boyle Danny, dir. *Steve Jobs.* Universal Pictures. 2015.

Adaptador cromoscópico para equipos de television, patente US2296019A registrada por Guillermo González Camarena el 14 de agosto de 1941.

History.com. "These Women Taught Depression-Era Americans to Use Electricity." Consultado el 15 de octubre de 2020. https://www.history.com/news/new-deal-great-depression-rural-electrification.

International Youth Foundation. "2016 Global Millennial Viewpoints Survey." Consultado el 15 de octubre de 2020. https://www.iyfnet.org/library/2016-global-millennial-viewpoints-survey.

Kubrick, Stanley, dir. 2001: A Space Odyssey. Metro-Goldwyn-Mayer. 1968.

Sheldon, Pavica, Honeycutt, James M. *The Dark Side of Social Media* San Diego: Elsevier, 2019.

TED. "How a handful of tech companies control billions of minds every day | Tristan Harris." 28 de julio de 2017. Video, 17:00. https://youtu.be/C74amJRp73o.

TVEAPFilms. "The last public message recorded by Sir Arthur C Clarke" circa 2009. Video, 9:01. https://www.youtube.com/watch?v=0F2z5-kTm2I.

Twenge, Jean M. "Have Smartphones Destroyed a Generation?." *The Atlantic*, septiembre de 2017 https://www.theatlantic.com/magazine/archive/2017/09/have-the-smartphones-destroyed-a-generation/534198/.

YOU, "Person of the Year." Time, 25 de diciembre de 2006. https://time.com/vault/year/2006/.

Capítulo 4

Camnitzer, Luis. *Visiting Minds 2013. Radical Pedagogy.* Panamá: Sarigua, 2013.

Emler, Trina E., Yong Zhao, Jiayi Deng, Danqing Yin, and Yurou Wang. "Side Effects of Large-Scale Assessments in Education." *ECNU Review of Education* 2, no. 3, septiembre de 2019. https://doi.org/10.1177/2096531119878964

Sackner, Sara dir. *Jay W. Jensen and the future of arts education in America*. Sackner Films Inc. 2007.

TED. "How to escape education's death valley | Sir Ken Robinson." 10 de mayo de 2013. Video. 19:11. https://youtu.be/wX78iKhInsc.

Capítulo 5

Canal22. "Documental 1968-1971. Los Jefes del Rock." 14 de mayo de 2009. Video. 49:3. https://www.youtube.com/watch?v=7-u5MQx1J14.

Carpenter, Christopher J., and Chandra S. Amaravadi. "A Big Data Approach to Assessing the Impact of Social Norms: Reporting One's Exercise to a Social Media Audience." *Communication Research* 46, no. 2, marzo 2019. https://doi.org/10.1177/0093650216657776.

Durman, Tyler. *Counterintuitive. What 4 Million Teenagers Wish We Knew: bite-sized wisdom 4 parents and teachers*. Laguna Beach, California: BSWisdom Books, 2015.

TED. "The mysterious workings of the adolescent brain - Sarah-Jayne Blakemore." 1 de junio de 2013. Video. 14:26. https://youtu.be/6oKsikHollM.

Capítulo 6

De Chateaubriand, Francois. *Memories Beyond the Grave.* 1849-1850.

La cita sobre el éxito atribuida a Ralph Waldo Emerson podría haber sido una cita original de Bessie Anderson Stanley.

Capítulo 7

Caplan, Bryan. "The World Might Be Better Off Without College for Everyone." *The Atlantic,* enero/febrero 2018. https://www.theatlantic.com/magazine/archive/2018/01/whats-college-good-for/546590/.

CollegeAtlas. "U.S. College Dropout Rate and Dropout Statistics". Updated Jun 29th, 2018. Consultado el 10 de septiembre de 2020. https://www.collegeatlas.org/college-dropout.html.

Crockett, Ana, Ryder Perlmeter, Emily, Hubbert Doyle, Molly. "Opportunity Youth in Texas." Federal Reserve Bank of Dallas. Octubre 2019.

DoSomething. "11 Facts About High School Dropout Rates". Consultado el 10 de septiembre de 2020. https://www.dosomething.org/us/facts/11-facts-about-high-school-dropout-rates.

Harari, Yuval Noah. *21 Lessons for the 21st Century.* New York: Penguin Random House, 2018.

"How to Adopt Skills-based Hiring Practices." Society for Human Resource Management. Consultado el 15 de octubre de 2020. https://www.shrm.org/hr-today/news/hr-magazine/0318/pages/hiring-for-skills-not-pedigree.aspx.

https://www.garlandisdschools.net/grctc.

https://generalassemb.ly/.
https://www.kenzie.academy/.
https://flatironschool.com/.
https://www.holbertonschool.com/.
https://www.hackreactor.com/.

https://techgenies.com/techbridge-coding.

https://www.cloudfactory.com/.
https://www.samasource.com/.

https://nxtlevelsa.org/.
https://restoreeducation.org/.
https://jovenesconstruyendoelfuturo.stps.gob.mx/.

Instituto de Educación de Aguascalientes, Webinar ¿ Quo Vadis - Educatio ? - Educación Dual y Formación Profesional Continua – versus Formación clásica Universitaria, 31 de julio de 2020, 1:02:00. https://m.facebook.com/story.php?story_fbid=900877437064949&id=117452238331915&refid=12&_tn_=%2As%2As.

Niranjan, Ajit. "What is Germany's dual education system — and why do other countries want it?" *Deutsche Welle*, 6 de abril de 2018. https://www.dw.com/en/what-is-germanys-dual-education-system-and-why-do-other-countries-want-it/a-42902504.

OECD. "Higher Education in Mexico: Labour Market Relevance and Outcomes." Consultado el 15 de octubre de 2020. https://www.oecd.org/fr/publications/higher-education-in-mexico-9789264309432-en.htm.

"Opportunity Pathways Background Paper." Strada Education Network. Consultado el 15 de octubre de 2020. https://www.opportunitypathways.org/.

RSA (Royal Society for the encouragement of Arts, Manufactures and Commerce). "Ian Leslie on Why We Must Continue to Learn and be Curious." 18 de junio de 2014. Video. 19:7. https://www.youtube.com/watch?v=1JT_4owlxYY.

Spees, Ann-Cathrin. "Could Germany's Vocational Education and Training System Be a Model for the U.S.?" *World Education News + Reviews*, 12 de junio de 2018. https://wenr.wes.org/2018/06/could-germanys-vocational-education-and-training-system-be-a-model-for-the-u-s.

Tencer, Daniel. "85% Of Jobs That Will Exist In 2030 Haven't Been Invented Yet: Dell." *Huffington Post*. 14 de julio de 2017. https://www.huffingtonpost.ca/2017/07/14/85-of-jobs-that-will-exist-in-2030-haven-t-been-invented-yet-d_a_23030098/.

Capítulo 8

Eger, John M. "National Science Foundation Slowly Turning STEM to STEAM." *The Huffington Post*, 31 de mayo de 2011. https://www.huffpost.com/entry/national-science-foundati_b_868449.

Movimiento STEAM. "En dónde está México en Educación STEAM." 18 de junio de 2020. Video. 1:00:00. https://youtu.be/dGuoxFSoJOs.

"Reinvesting in Arts Education: Winning America's Future Through Creative Schools." Obama Whitehouse Archives blog. Consultado el 15 de octubre de 2020. https://obamawhitehouse.archives.gov/blog/2011/05/12/reinvesting-arts-education-winning-america-s-future-through-creative-schools.

Stanford Alumni. "Developing a Growth Mindset with Carol Dweck." 9 de octubre de 2014. Video. 9:37. https://youtu.be/hiiEeMN7vbQ.

Capítulo 9

Buford, Bob. *Halftime*. Zondervan, 2015.

Kahn, Ashley, Santana, Carlos, Miller, Hal. *The Universal Tone: Bringing My Story to Light*. Orion Publishing Group: 2014.

Papa Francisco (@Pontifex), "La fe o es misionera o no es fe. La fe siempre te lleva a salir de ti mismo. La fe debe ser transmitida, no para convencer, sino para ofrecer un tesoro. Pidamos al Señor que nos ayude a vivir nuestra fe de este modo: una fe de puertas abiertas, una fe transparente". Twitter, 9 de julio de 2020.

Warren, Rick. *The Purpose Driven Life*. Zondervan, 2002.

www.ingramcontent.com/pod-product-compliance
Lightning Source LLC
LaVergne TN
LVHW012102070526
838200LV00074BA/4009